L'INDE ET LA CHINE

Deux marchés très différents ?

Collection « Inter-National »

dirigée par Françoise Dekowski, Marc Le Dorh et Denis Rolland.

Cette collection a pour vocation de présenter les études les plus récentes sur les institutions, les politiques publiques et les forces politiques et culturelles à l'œuvre aujourd'hui. Au croisement des disciplines juridiques, des sciences politiques, des relations internationales, de l'histoire et de l'anthropologie, elle se propose, dans une perspective pluridisciplinaire, d'éclairer les enjeux de la scène mondiale et européenne.

Elle comprend différentes séries, parmi lesquelles :

- ***Sciences-Po Strasbourg***, qui accueille les meilleurs mémoires de l'Institut d'Etudes Politiques de Strasbourg,
- ***Première synthèse***, qui présente les travaux de jeunes chercheurs,

Déjà parus :
L. Bonnaud (Sous la dir.), *France-Angleterre, un siècle d'entente cordiale*
B. Kasbarian-Bricout, *Les Amérindiens du Québec*
A. Chneguir, *La politique extérieure de la Tunisie 1956-1987*

Série Sciences-Po Strasbourg :
M. Leroy, *Les pays scandinaves de l'Union européenne.*
A. Roesch, *L'écocitoyenneté et son pilier éducatif: le cas français.*
M. Plener, *Le livre numérique et l'Union européenne.*

Série Première synthèse :
C. Bouquemont, *La Cour Pénale Internationale et les Etats-Unis.*
O. Dubois, *La distribution automobile et la concurrence européenne.*
O. Fuchs, *Pour une définition communautaire de la responsabilité environnementale, Comment appliquer le principe pollueur-payeur ?*
M. Hecker, *La presse française et la première guerre du Golfe.*
J. Héry, *Le Soudan entre pétrole et guerre civile.*
J. Martineau, *L'Ecole publique au Brésil.*
C. Speirs, *Le concept de développement durable : l'exemple des villes françaises.*

Pour tout contact :
Françoise Dekowski, fdekowski@freesurf.fr
Marc Le Dorh, marcledorh@yahoo.fr
Denis Rolland, denisrolland@freesurf.fr

C. Erbin, M. Guillamot,
É. Sierakowski

L'INDE ET LA CHINE

Deux marchés très différents ?

Sous la direction de
Marcel Vermorel

L'Harmattan
5-7, rue de l'École-Polytechnique
75005 Paris
FRANCE

L'Harmattan Hongrie
Hargita u. 3
1026 Budapest
HONGRIE

L'Harmattan Italia
Via Degli Artisti 15
10214 Torino
ITALIE

ISBN : 2-7475-6300-6
AEN : 9782747563000

AVANT - PROPOS

> *« Considérez un peu ce qu'il adviendra de l'Europe quand il existera par nos soins, en Asie, deux douzaines de Creusot ou d'Essen, de Manchester ou de Roubaix, quand l'acier, la soie, le papier, les produits chimiques y seront produits en quantités écrasantes, à prix invincibles... »* Paul Valéry, *Regards sur le Monde Actuel.*

Peut-on ignorer plus longtemps un tiers de la population mondiale ? L'Union indienne et la République populaire de Chine sont aujourd'hui les deux plus grosses puissances démographiques de la planète et affichent un taux de croissance économique moyen de 8% sur les dix dernières années. Ces deux pays ont entamé un processus d'ouverture – depuis 1978 pour la Chine, depuis 1991 pour l'Inde – qui les rend particulièrement attractifs pour l'investisseur français à l'heure actuelle.

Réussir en Inde et en Chine demande beaucoup de persévérance et une bonne connaissance de contextes économiques, culturels et administratifs parfois difficilement déchiffrables. Cet ouvrage s'adresse à l'entrepreneur français désireux de s'implanter sur ces deux grands marchés. Notre objectif est de présenter et d'analyser ces derniers afin d'orienter l'investisseur et de lui permettre d'éviter les écueils généralement rencontrés. L'originalité de notre démarche réside dans la recherche de spécificités communes aux deux pays, notamment à partir de nos expériences respectives.

Nous proposerons dans un premier temps une présentation générale des deux pays (contextes politiques et économiques) ; nous décrirons ensuite les facteurs clés de succès d'un investissement ; nous traiterons dans un troisième temps de la négociation d'affaires avec des interlocuteurs indiens et chinois et en déduirons des recommandations d'ordre comportemental ; nous présenterons enfin les problématiques « terrain » propres aux opérations industrielles et commerciales sur les marchés indiens et chinois.

CHAPITRE I

APPROCHE DES DEUX MARCHÉS

Une implantation en Inde et en Chine requiert une connaissance culturelle minimale de ces deux pays. Ce premier chapitre permettra à l'entrepreneur désireux d'investir dans ces pays de se familiariser rapidement avec les deux plus grands marchés asiatiques et de comprendre les réalités géographiques, politiques et économiques en Inde et en Chine.

1) Géographie et climat

Territoire de 3,3 millions de km², l'Union indienne, constituée de 28 États fédérés et de 7 territoires, peut être divisée en trois parties : la chaîne himalayenne au nord qui sépare l'Inde de la Chine du Bhoutan et du Népal, la plaine septentrionale qui s'étend entre la mer d'Oman à l'ouest et le golfe du Bengale à l'est (formée par les bassins du Gange, de l'Indus et du Brahmapoutre), et le plateau du Deccan qui forme la majeure partie du pays. Le climat de l'Inde est caractérisé par la mousson, plus forte au sud qu'au nord, mais il reste extrêmement varié allant des régions enneigées de l'Himalaya, aux régions arides du Rajasthan ou tropicales du Kerala.

La Chine, vaste de 9,5 millions de km², s'étire sur 4 800 km du nord au sud, 4 400 km d'est en ouest et sur 18 000 km de littoral. L'ouest du pays est essentiellement formé de très hautes montagnes, alors que l'est se compose de plateaux, de collines et de plaines, qui rassemblent 95% de la population. Le pays se partage ainsi entre une Chine occidentale aride et semi-aride et une Chine orientale humide. Trois fleuves majeurs traversent le continent, le Huang He ou « fléau des fils des Hans » à cause des dévastations considérables qu'il a occasionné, le Yangzi, troisième fleuve au monde par son débit, et le Xi Jiang, fleuve navigable de Canton à Nanning.

Démographie, quelques chiffres (2001)

	INDE	CHINE
Nb d'habitants	1 200 000 000	1 285 000 000
Taux de natalité	25,4/1000	16,2/1000
Taux de mortalité	8,5/1000	6/1000
Taux d'alphabétisation	57 %	84%
Taux de fécondité	> 3 enfants par femme	1,8 enfants par femme
Densité de pop.	312 hab/km²	134 hab/km²

L'Inde et la Chine ont toujours été deux des pays les plus peuplés du monde, même dans l'antiquité. Les enjeux démographiques sont essentiels compte tenu des risques de surpeuplement, des différences culturelles ou religieuses internes, du nombre impressionnant de dialectes, des déséquilibres régionaux et de l'apparition de mégalopoles.

En Chine, une volonté politique forte de maîtriser la natalité fut affichée dès 1959, mais c'est avec l'instauration de la sévère politique de « l'enfant unique » que la Chine a lutté efficacement contre les risques de surpeuplement. En Inde, la volonté politique de maîtriser les naissances n'a pas été si franche et les problèmes de sous-alimentation liés à la surpopulation sont encore préoccupants dans certaines régions.

2) Agriculture et Révolution Verte

L'agriculture est un enjeu considérable en Inde et en Chine en raison du nombre de personnes qu'elle concerne, soit plus de 70% des populations dans chacun des deux pays aujourd'hui.

Le point commun est l'insuffisance de terres cultivables pour la population. Ainsi, l'apparition de la « Révolution Verte » dans les années 1950 en Asie a été un bouleversement en même temps qu'un espoir pour ces peuples régulièrement décimés par les famines. Cette expression apparue en 1968 désigne des systèmes de cultures irriguées de blé et de riz où les engrais et les traitements chimiques sont largement utilisés. Elle marque l'avènement des rendements intensifs.

☞ **Les défis indiens actuels**

La Révolution Verte conduite en Inde a mené le pays à l'autosuffisance alimentaire au milieu des années 1990, tout en permettant au plus grand nombre d'agriculteurs de bénéficier également du progrès technique. Mais les barrières et les protections douanières qui ont permis à l'Inde de mettre en place sa Révolution Verte sont aujourd'hui remises en cause. En effet, l'OMC fait pression sur le pays en vue d'une ouverture accrue aux produits agricoles étrangers. Or l'Inde est dans une situation désavantageuse car elle ne peut investir plus de 1% de son PNB dans son agriculture, alors que l'OMC accorde à ses membres le droit d'en investir 10%.

☞ **Une agriculture chinoise forte et fragile**

D'après un vieux dicton, « le grain est la source de vie de l'Empire ». Nourrir plus d'un milliard de personnes n'est pas une mince affaire. L'histoire mouvementée du monde agricole chinois en témoigne : depuis la loi fondamentale de 1950, le monde rural chinois a subit la collectivisation de ses terres et la confiscation des instruments de travail privés, il a été éprouvé par trois années noires de récoltes et de famine, avant de récupérer ses terres par le processus de décollectivisation des campagnes ; enfin, en 1964, il a bénéficié d'un relèvement des prix agricoles. Aujourd'hui, l'agriculture est un secteur très puissant : le pays est autosuffisant pour les céréales depuis 1984, et est le premier producteur de blé au monde.

Pour l'Inde comme pour la Chine, le secteur agricole présente encore beaucoup de faiblesses. Les quotas, le prix des denrées agricoles, la qualité et la quantité de terres arables disponibles sont encore problématiques, tout comme l'irrigation, la pollution et la destruction des rizières.

3) Infrastructures

En Inde et en Chine le réseau des infrastructures est très étendu et semble de ce fait très développé. Mais si l'on réfléchit au nombre d'habitants et à l'immensité des territoires, l'infrastructure des transports est faible et freine encore le développement économique.

En Inde, le gouvernement central et les gouvernements des États ont pris des engagements à l'égard de grands projets d'amélioration des infrastructures et les privatisations dans ce domaine sont aujourd'hui les bienvenues afin d'étendre et de développer les réseaux de transport.

- ☞ **Chemin de fer :** Deuxième du monde par la longueur, il couvre plus de 70 000 km de voies. Il fut initialement construit par les colons britanniques, et de nombreuses locomotives datent encore de cette époque.

- ☞ **Transport routier :** Plus de 3 millions de km de routes, mais dans un état « douteux », qui ne répond pas aux normes internationales et qui est loin d'être performant.
- ☞ **Transport aérien :** Il existe quatre compagnies aériennes en Inde : Air India, Indian Airlines (entreprises publiques), Jet Airways et Air Sahara (compagnies privées). Depuis l'instauration de l'Open Sky Policy en 1994, le trafic aérien a pu rapidement se développer. Il contribue activement à l'expansion des affaires et du tourisme.
- ☞ **Voies navigables :** L'Inde possède 12 ports principaux, et 139 ports secondaires opérationnels. Le trafic maritime a un rôle primordial dans le développement économique, puisqu'il représente 95% des échanges extérieurs en volume. Mais une fois encore, les ports souffrent de sous-équipement et ne peuvent que difficilement répondre au trafic actuel.
- ☞ **Télécommunications :** Le réseau de téléphonie fixe et mobile ne cesse d'augmenter (respectivement 20% et 80% par an). Malgré la libéralisation du secteur encouragée par le 8ème plan – téléphonie fixe, mobile, pagers... – les opérateurs nationaux devraient demeurer les acteurs principaux de cette croissance face à des opérateurs étrangers ou régionaux encore frileux – immaturité du marché et manque de ressources financières obligent.

La Chine a considérablement modernisé ses moyens de transport depuis la fin de l'ère maoïste. C'est un de ses points forts par rapport à l'Inde.

- ☞ **Chemin de fer :** Il couvre 68 000 km de voies fin 2000. Développé au cours du XIXème siècle par les puissances colonisatrices, il a depuis 1955 une dimension internationale avec la ligne Beijing – Moscou, mais a aussi la particularité d'être totalement congestionné du côté oriental.
- ☞ **Réseau rail urbain :** Pour pallier la congestion sur les routes, les trois villes phares de la Chine (Beijing, Shanghai et Canton) sont engagées dans la création d'un véritable

réseau métropolitain alors que les autres villes peinent à réaliser leur première ligne.

- **Transport routier :** Plus de 1,5 millions de km de routes fin 2001. Il est cependant victime de goulets d'étranglement monstres dus à un trop grand nombre d'automobiles.
- **Transport aérien :** C'est la manifestation la plus spectaculaire de l'ouverture de la Chine avec cinq compagnies nationales et une compagnie internationale (Air China).
- **Voies navigables :** Plus de 120 000 km, avec 235 ports côtiers et fluviaux. Huit ports chinois (hormis Hong Kong) ont dépassé les 100 millions de tonnes de trafic de marchandises en 2001 (Shanghai - Ningbo - Canton - Tianjin - Qinhuangdaon - Qingdao - Dalian - Shenzhen). Il est à prévoir une importante demande en IDE pour répondre à la croissance du trafic.
- **Télécommunications :** C'est un marché au potentiel énorme, même si le secteur ne compte que quatre partenariats entre sociétés chinoises et étrangères. En fait, vu sa position stratégique dans le processus de développement économique chinois, les restrictions à l'investissement privé demeurent considérables dans le secteur.

4) Les grands centres urbains

L'Inde et la Chine comportent respectivement plusieurs dizaines de villes millionnaires en habitants. Toutes ces villes souffrent actuellement des mêmes problèmes : pollution, existence de ghettos, exode rural, infrastructures insuffisantes et conditions sanitaires déficientes. Des besoins essentiels tels que l'accès à l'éducation, à l'eau potable, à l'emploi, à la santé, à l'habitat et à l'alimentation ne sont encore que trop peu couverts.

- **La situation est préoccupante en Inde**

La majorité de la population vit dans une grande misère et continue de migrer inlassablement vers les grandes villes. Certes le monde rural représente encore 70% de la population indienne, mais compte tenu du nombre d'habitants (plus d'un milliard),

300 millions d'Indiens vivent aujourd'hui en ville... En 2045, ils devraient être près de 800 millions, soit plus de la population totale de l'Europe actuelle !
Des problèmes importants surviennent à cause de ce surpeuplement et des trop fortes densités de populations dans les villes : les infrastructures urbaines des six mégalopoles et des quarante villes de plus d'un million d'habitants sont insuffisantes, les nappes phréatiques sont trop faibles, la pollution atteint des proportions insupportables, sans compter les lacunes criantes des systèmes d'égouts et sanitaires...

☞ **Une urbanisation déséquilibrée en Chine**

Comme sur beaucoup d'autres plans, le phénomène d'urbanisation en Chine a été tributaire des volontés politiques passées. Si les années 1950 correspondent à une explosion urbaine corrélée à un exode rural fort, les années 1960-70 sont celles de la désurbanisation massive (le modèle maoïste privilégiant le développement des campagnes), alors que l'urbanisation reprendra une croissance rapide avec la mort de Mao. On estime que le taux d'urbanisation est aujourd'hui de 25%, mais les villes sont réparties inégalement sur le territoire chinois. Les taux d'urbanisation les plus élevés concernent les provinces du nord-est, tandis que le développement des littoraux et la création des ZES (Zones Économiques Spéciales) accentuent encore plus les contrastes provinciaux, et favorisent l'exode rural avec un appel de la main-d'œuvre des campagnes.

DONNÉES POLITIQUES

La politique occupe une place prépondérante dans le système chinois : dès qu'un enjeu économique est d'importance, que ce soit au niveau local ou au niveau central, il devient politique et les décisions prises par les autorités sont irrévocables. Le système politique indien est différent sous bien des points mais son poids dans les décisions d'investissement reste prépondérant. Il est donc nécessaire de prendre en compte les grandes orientations, ainsi que les cadres institutionnels et organisationnels des deux pays afin de mieux saisir la complexité de leur situation respective. La perspective historique des processus de changement sera également étudiée dans cette partie.

Institutions politiques actuelles

1) L'Union indienne

L'Union indienne est la plus grande démocratie du monde et un État Fédéral. La Constitution du 26 janvier 1950 définit les compétences politiques propres à l'Union et aux États fédérés (liste de l'Union et des États, liste des sujets partagés). À savoir qu'aujourd'hui, les États fédérés assument un rôle croissant en matière économique : incitations à l'investissement, fiscalité…

- *Le Président* est à la tête du pouvoir exécutif, mais il n'intervient guère dans la gestion des affaires publiques. Il est élu pour cinq ans au suffrage universel indirect.
- *Le Parlement de l'Union*, le principal organe législatif, est composé de deux chambres : la chambre basse (*Lok Sabha*), formée de députés élus pour cinq ans au suffrage universel direct, et la chambre haute (*Rajya Sabha*), formée de représentants des États fédérés et territoires de l'Union.
- *Les États fédérés* sont dirigés par un gouvernement présidé par le Premier Ministre (*Chief Minister*), responsable devant une assemblée législative formée de députés élus pour cinq ans au suffrage universel direct et qui vote les lois dans les

limites de ses compétences constitutionnelles. Le Premier Ministre est nommé par le Président et investi par le Parlement.

2) *La République populaire de Chine*

La Constitution de 1982 définit la République populaire de Chine comme un « État socialiste de dictature démocratique populaire ». Les organes par lesquels le pouvoir est exercé sont l'Assemblée Populaire Nationale et les Assemblées Populaires Locales tandis que les organes d'États fonctionnent selon le principe du « centralisme démocratique ».

☞ *L'Assemblée Populaire Nationale* est l'organe législatif principal. Élue pour cinq ans, elle est en particulier en charge de la désignation du Président de la République par le biais de son Comité permanent.

☞ *Le Conseil des affaires d'État* est l'organe exécutif principal. C'est le gouvernement national chinois à proprement parler : l'ensemble des ministres et des représentants des commissions d'État dont les actes sont contrôlés par le Comité permanent.

☞ *La Commission militaire centrale* quant à elle dirige les forces armées sous l'autorité du Congrès.

☞ *Le Parti Communiste Chinois* concentre l'ensemble du pouvoir décisionnel et reste l'autorité indiscutée en Chine. En effet, le pouvoir central décide des nominations au sein des organismes provinciaux et à la tête des grandes villes (Shanghai, Canton, Shenzhen…), et assure ainsi l'unité politique au sein du pays.

Deux systèmes politiques différents historiquement

1) *Excentricité indienne versus sagesse chinoise*

Entre le IIIème siècle avant Jésus Christ et le début du XXème siècle, les systèmes politiques anciens de ces deux géants asiatiques apparaissent très dissemblables.

L'Empire chinois offre en effet une image de cohésion par rapport à une Inde chahutée par d'innombrables changements politiques. Malgré une succession de dynasties et de seigneurs de guerre, la Chine a bénéficié au travers des siècles d'une culture de base partagée, d'un pilier administratif solide, et d'une langue écrite commune. L'Inde quant à elle, a subit de nombreuses invasions de peuples venus du nord (Aryens et Moghols), qui ont conduit le pays à des bouleversements politiques et des prises de pouvoir autoritaires et anarchiques.

Historiquement, alors qu'en Chine les élites assurent la continuité des structures politiques, notamment grâce à l'établissement d'un processus de concours administratifs très bien établi, les élites indiennes ne représentent pas les attentes de la majorité de la population indienne de souche (ex. emprise des Moghols musulmans…), avec pour conséquence une faible cohésion entre le pouvoir politique et la société dans le pays.

2) *Sérénité indienne versus instabilité chinoise*

A l'aube du XXème siècle, l'Inde est sous domination britannique tandis que la Chine est manipulée par les puissances étrangères et déchirée par les luttes intestines.

Si l'Inde est aujourd'hui la plus grande démocratie du monde, elle le doit pour beaucoup à la colonisation britannique. A l'époque, les colons anglais ont posé les bases d'un système politique sain, tout en incluant des cadres et des fonctionnaires indiens dans la fonction publique et le système judiciaire. Le monde politique indien revêt certes des imperfections et les inégalités entre districts sont criantes, mais les administrateurs se distinguent généralement par une rigueur, une efficacité et une certaine intégrité, vertus toutes trois héritées du système imposé par les Britanniques.

Alors que l'Inde se construit petit à petit sous la colonisation, la Chine connaît une instabilité politique interne due, en partie, à la montée de l'impérialisme occidental. Elle subit également plusieurs invasions des puissances coloniales européennes, et sort fragilisée et meurtrie par deux guerres avec l'ennemi japonais. Le début du XIXème siècle cède ainsi la place au chaos et à l'anarchie à l'intérieur du pays, avec des luttes de pouvoir entre seigneurs de guerre, divers mouvements nationalistes, et l'apparition du Parti Communiste de Mao Zedong. Les troubles politiques prennent fin brutalement, avec la guerre civile de 1946, et l'accès du Parti Communiste au pouvoir.

C'est en raison des agressions extérieures et de ses propres troubles politiques internes que la Chine va adopter une stratégie de repli sur elle-même, alors que les élites indiennes s'occidentalisent au contact des colons britanniques.

Une Inde réformiste versus une Chine révolutionnaire

1) L'attrait ou le rejet de l'Occident

Le 15 août 1947, la Grande-Bretagne partage les Indes en deux États indépendants ; d'un côté le Pakistan musulman et de l'autre, une Union indienne à majorité hindoue. Le 1er octobre 1949, Mao Zedong proclame la République populaire de Chine.

Si les deux pays sont alors régis par des personnalités de haute stature, le duo Gandhi – Nehru pour l'Inde et Mao Zedong pour la Chine, de profondes différences de valeurs et de systèmes politiques et culturels sont néanmoins patentes entre ces nations en pleine « renaissance ». En effet, tandis que Nehru bénéficie du soutien de la Grande-Bretagne et s'inspire des modèles politiques occidentaux afin de bâtir une démocratie, Mao Zedong rejette à la fois le capitalisme occidental et le socialisme « à la soviétique », leur préférant une troisième voie, celle du socialisme révolutionnaire chinois.

2) Conséquences sur la vie économique et sociale

La Constitution indienne est promulguée le 26 janvier 1950, et malgré les terribles massacres et mouvements de populations au lendemain de l'indépendance, la démocratie se met rapidement en marche sous la conduite d'un Nehru courageux et volontaire. Dans les années 1970-80, sous Indira Ghandi, l'Inde est engagée dans la socialisation de l'économie, avec une forte tendance populiste, notamment dans le but de réduire les nombreuses inégalités sociales. Mais face à l'échec économique de cette politique et à une grave crise de la balance des paiements, une vague de libéralisation de l'économie se met en marche dans les années 1990.

En Chine, le Parti Communiste de Mao Zedong est le parti unique tout puissant. Les réformes conduites entre 1956 et la fin des années 1970, telles que le « Grand Bond en Avant », la collectivisation des terres ou la « Révolution Culturelle » ont des impacts négatifs sur le système productif, industriel et agricole, et se révèlent être des initiatives catastrophiques sur un plan humain et social.

Une volonté d'indépendance économique (1950-1980)

Pour surmonter la période post-coloniale en Inde et le chaos politique chinois, l'influence des dirigeants a été déterminante dans le choix des voies de développement.

Un point commun caractérise les deux géants asiatiques à cette époque : une volonté forte d'indépendance économique par rapport au modèle occidental pour l'Inde, et par rapport au modèle soviétique pour la Chine.

1) L'Inde s'affirme par rapport à l'Occident

Des années 1950 aux années 1980, l'Inde reste un pays protectionniste à l'abri de hautes barrières douanières. Le pays n'envisage absolument pas de subir les pressions libérales des États-Unis et de l'Europe, et se caractérise par une économie étatisée et hostile aux investissements étrangers.

Un développement économique autocentré est possible car le territoire est grand et regorge de ressources naturelles abondantes. L'Inde parvient ainsi à produire une partie de ses biens d'équipement et de ses biens de consommation, malgré une situation économique précaire, qui se fait ressentir encore aujourd'hui : le mauvais état des infrastructures et de l'électricité freine toujours le développement économique, et pourrait maintenant rebuter les investisseurs étrangers.

2) La Chine refuse l'aide soviétique

Dans les années 1950 et 1960, la Chine s'inspire du modèle de développement soviétique, et de nombreux échanges d'ordres scientifique, industriel et commercial s'instaurent entre les deux pays. Pourtant, et malgré le développement des infrastructures et l'amélioration du tissu industriel, le PCC abandonne toute coopération avec son grand frère russe. Il choisit en effet de substituer complètement le capital au travail, en obligeant les populations à quitter leur campagne pour aller travailler dans les travaux publics, avec les conséquences dramatiques qui s'en suivirent.

Les années 1970 sont les années des grands slogans – « compter sur ses propres forces », « s'appuyer sur l'imagination et le travail des masses », et contrairement à l'Inde, on peut remarquer un encouragement du commerce extérieur et des investissements étrangers dès cette époque.

Orientations actuelles

1) Les réformes indiennes : un processus lent

Le Premier Ministre, M. Vajpayee, s'est engagé lors de la présentation du budget pour l'année 2001-2002 à accélérer les réformes. Il a présenté un ensemble de mesures à caractère économique et social couvrant notamment la consolidation fiscale, le secteur financier, les infrastructures et les réformes structurelles (cf. Données Économiques). Néanmoins, si la politique actuelle du gouvernement Vajpayee est relativement volontaire au niveau de ces réformes, de nombreux goulets d'étranglements subsistent toujours, tels qu'une insuffisance de l'investissement privé ou des rivalités entre les États, et le processus est encore loin d'être achevé.

2) Le XVIème Congrès du PCC

Le gouvernement chinois en place jusqu'en mars 2003, avec à sa tête Jiang Zemin, s'est attaché à concilier la poursuite de l'ouverture et de la modernisation de l'économie avec le maintien de la stabilité politique et sociale du pays. C'est d'ailleurs cette politique qui a permis au pays d'entrer dans l'OMC en 2001, scellant d'avantage la victoire des réformistes en Chine.

Depuis en effet, le gouvernement mené par Hu Jintao, nouveau Secrétaire Général du Parti et Président de la République, poursuit sur cette même lancée. Pourtant, si la séparation entre le Parti et les entreprises présentes sur le territoire s'est raffermie suite à la mise en place d'un système juridique plus développé, la Commission d'État au Plan continue de jouer un rôle majeur dans les orientations économiques actuelles. Ainsi, le Congrès a encore une fois consacré une place majeure à la réforme des entreprises publiques, à la formation des cadres, et si nécessaire, dans un cadre très réglementé, à l'appel aux capitaux et opérateurs privés étrangers.

A noter également les avancées sociales récentes permises par le PCC, parmi lesquelles :

- Les représentants de l'État devront dorénavant répondre de leurs actes et la diffusion d'informations dans le publique s'inspirera d'un souci de plus grande transparence.
- Il n'est désormais plus nécessaire d'obtenir l'autorisation de son unité de travail pour passer l'examen d'entrée dans une école de chercheurs.
- L'examen médical prénuptial et l'attestation obligatoire de l'unité de travail pour l'enregistrement d'un mariage ne sont plus requis.
- La liberté de changement de domicile rentre dans les mœurs et devrait être suivie d'une réforme du système de gestion de l'état civil.

Politiques étrangères de l'Inde et de la Chine

1) Relations de l'Inde et de la Chine avec leurs voisins géographiques

Par rapport à l'Asie orientale, l'Inde a principalement deux préoccupations. D'une part, elle constate son retard économique et son isolement par rapport à cette zone de forte croissance, d'autre part, elle prend en compte la force économique et militaire de la Chine, rivale et ennemie de longue date. Elle répond à ce double défi en nouant des contacts bilatéraux avec les différents États de la zone et en faisant du lobbying pour entrer dans les regroupements économiques régionaux. Dans les deux cas, les progrès sont réels, mais restent limités.

En effet, si le commerce sino-indien a franchi le milliard de dollars en 1995, New Delhi n'oublie pas qu'en termes géopolitiques les deux géants asiatiques restent des rivaux, et leur coopération n'élimine pas la méfiance réciproque. D'autant plus que Beijing poursuit son programme de modernisation militaire, notamment navale, tout autant que sa coopération avec le Pakistan dans ce domaine, ce qui pourrait contribuer à l'escalade du conflit indo-pakistanais au Cachemire, que chacun d'eux revendique.

Historiquement en effet, la Chine nourrit un contentieux avec quasiment tous ses voisins (l'Inde, le Vietnam ou encore l'URSS) ainsi qu'avec les principales puissances occidentales. Les relations diplomatiques avec le Japon restent tendues, malgré la naissance d'un partenariat économique en devenir entre les deux pays. La rétrocession de Hong Kong par la Grande-Bretagne en juillet 1997 a procuré à la Chine une gratification symbolique considérable, tout comme celle de Macao par le Portugal en 1999. Pendant ce temps-là, la question taiwanaise demeure en suspens...

2) *Positionnements de l'Inde et de la Chine dans le « concert des nations »*

- ☞ Depuis les années de guerre froide où l'Inde s'est affichée comme l'un des chefs de fil des non-alignés, le pays revendique officiellement un monde multipolaire qui correspondrait mieux à sa conception des relations internationales, fondée sur l'égalité entre les États développés et ceux en voie de développement.
- ☞ L'Inde a conclu un accord avec l'Union Européenne en décembre 1993 qui prévoit la reconnaissance par les deux parties de leur statut réciproque de « nation la plus favorisée », la suppression progressive des barrières douanières, des mesures anti-dumping, etc.
- ☞ Dans les négociations commerciales multilatérales, l'Inde s'oppose aux pays industrialisés sur des dossiers tels que la

propriété intellectuelle, la réduction asymétrique des droits de douane, etc. Pour l'Inde, les inégalités du système économique international n'ont pas disparues, et il faut donc relancer le dialogue Nord-Sud.

- Les relations diplomatiques de la Chine avec les États-Unis ont été et sont encore très fluctuantes. Les dirigeants chinois ont tendance à considérer ces derniers comme la source essentielle de leurs déboires internationaux : refus du Comité Olympique d'organiser les jeux de l'an 2000 à Beijing, admission difficile à l'OMC…
- L'Europe est considérée par la Chine comme d'importance vitale sur le plan géopolitique. Sa capacité économique et technique en fait un partenaire de choix et les principaux pays qui la composent se livrent à une concurrence féroce pour remporter des marchés. Si la France est encore peu présente sur le plan économique, son crédit historique est réel. C'est le premier grand pays occidental à avoir, en 1964, établi des relations diplomatiques avec la Chine. En 1994, les rapports entre les deux pays se sont embellis avec la visite officielle du Premier Ministre Edouard Balladur, et en mars 2003 celle de Jean-Pierre Raffarin en pleine épidémie de SRAS.
- Des enjeux internationaux tels que l'admission éventuelle du Japon comme membre permanent du Conseil de Sécurité de l'ONU contribuent à rendre la Chine plus conciliante. C'est en effet pour le pays l'occasion de prouver à ses détracteurs son ouverture réelle et son acceptation de règles du jeu internationales.

Données économiques générales

En 2002-2003, l'Inde possédait un PIB de 445 milliards de dollars, ce qui représente environ le tiers de celui de la Chine au cours de la même année. Le revenu par habitant est aujourd'hui estimé respectivement à 450 dollars pour l'Inde contre 1200 dollars pour la Chine. Selon une étude réalisée par Goldman Sachs, en 2050, ces deux pays devraient se retrouver dans le « top 3 » des plus grandes puissances économiques (avec un PIB de 44 453 milliards de dollars pour la Chine, 1er, contre 27 803 milliards de dollars pour l'Inde, 3ème derrière les USA, avec un PIB de 35 165 milliards de dollars).

Tandis que l'Empire du milieu connaît une croissance d'environ 8% aujourd'hui grâce en particulier à ses exportations, l'Inde « stagne » pour sa part à 5,4% (pour 2001-2002), ses résultats sont en effet grevés par ceux d'un secteur agricole peu compétitif et par le relatif déclin industriel que connaît le pays dans ses bases traditionnelles (appareil de production vieillot dans le textile malgré le Textile Upgradation Fund, manque d'organisation industrielle...).

Des secteurs économiques porteurs

Ces pays sont caractérisés par des ressources naturelles (les deux premiers producteurs mondiaux de coton et de riz, de gros producteurs de blé...) et minières considérables (charbon, minerai de fer, gaz naturel...), ils possèdent une main-d'œuvre nombreuse (il y aurait 10 à 20% de chômeurs en Chine et plus de 15% en Inde), docile et peu coûteuse (le coût horaire du salaire d'un ouvrier avoisine les 40 centimes d'euros, il est donc trois fois moindre qu'au Mexique par exemple) et une élite intellectuelle de mieux en mieux formée. Ainsi, la Chine compterait 3,35 millions d'étudiants (niveau d'études supérieur) en 2002 selon la Commission d'État au Développement, tandis que chaque année une élite de chercheurs et d'informaticiens

DONNÉES ÉCONOMIQUES

Évolution des principaux indicateurs économiques de l'Inde et de la Chine (Source : COFACE 2003)

	INDE				CHINE			
En milliards USD	**2000/01**	**2001/02(e)**	**2002/03(p)**	**2003/04(p)**	**2000**	**2001**	**2002 (e)**	**2003**
Croissance économique (%)	4	5,4	4,8	6	8	7,3	7,5	7,6
Inflation (%)	6,4	1,7	3,6	3,5	0,2	0,7	-1	-0,7
Solde public / PIB (%)	-9,6	-10	-9,2	-9,4	-2,8	-2,6	-3	-3,2
Exportations	44,9	44,9	49,2	53,5	249,1	266,1	303	366
Importations	53,3	51,9	55,7	59,5	214,7	232,1	265	331
Balance commerciale	-8,4	-6,9	-6,5	-6	34,5	34	38	35
Balance courante	-2,6	1,4	3,5	1,7	20,5	17,4	18	12
Solde courant / PIB (%)	-0,6	0,3	0,7	0,3	1,9	1,5	1,4	0,9
Dette extérieure / PIB (%)	113,3	114,5	122,1	122,8	16,1	14,7	13,8	12,5
SD / Exports (%)	15,8	14,7	14,5	17,7	6,2	5,5	5	4,4
Réserves en mois d'import de Biens et Services	5,9	7,8	9,7	10,1	7,3	8,6	9,9	9,5

indiens anglophones sort des universités de Bangalore (la Silicone Valley indienne) ou de Mumbai, qui sont de plus en plus cotées internationalement.

Ainsi, si l'Inde s'affiche comme l'un des premiers exportateurs de logiciels informatiques et que le pays tente de développer un ambitieux programme spatial, la puissance manufacturière chinoise est écrasante : le pays exporte 15% de l'horlogerie mondiale, 14% de l'électronique grand public et 12% du matériel électrique à l'heure actuelle.

La présence simultanée de secteurs industriels organisés (secteur performant visant en particulier les produits à moyenne / haute valeur ajoutée sur le marché intérieur ou les exportations) et désorganisés (secteur marqué par une grande fragmentation et une faible productivité) est également caractéristique de la Chine et de l'Inde.

Pourtant, malgré un déploiement industriel axé sur la sous-traitance en NTIC / services pour l'Inde (dont l'ingénierie informatique et les centres d'appels sont les fers de lance), et sur la sous-traitance industrielle pour la Chine (fabrication et assemblages de biens d'équipement et de consommation), le secteur agricole demeure un facteur déterminant de la croissance de leurs économies respectives, et de mauvaises récoltes sont souvent signes de résultats économiques en demi-teinte pour les deux géants. Ainsi, il représente encore 26% du PIB du pays et 66% de la population active indienne.

Des marchés intérieurs puissants

Avec près de 30 % de la population mondiale, ces deux pays constituent la première zone de consommation potentielle du monde. Le marché intérieur continue de jouer un rôle essentiel en tant que relais de la croissance à l'heure actuelle pour l'Inde et pour la Chine.

Les estimations les plus variées circulent sur l'étendue et les revenus de la classe moyenne en Inde. Néanmoins, en tenant compte de la croissance économique (5% à 6% par an) et de la croissance démographique (1,8% par an) on peut estimer que 200 millions de personnes ont aujourd'hui une capacité moyenne de dépenses annuelles de 730 dollars par habitant. La Banque Mondiale précise également dans son rapport que les 10% les plus riches représentent 33% des dépenses de consommation finale des ménages. La majorité de cette classe moyenne habite dans les grandes agglomérations du pays. 100 millions de personnes ont des dépenses de consommation annuelles d'environ 1000 dollars dans le pays. En terme de pouvoir d'achat, la Banque Mondiale estime qu'un dollar US permet d'acheter 4,8 fois plus de produits en Inde qu'aux États-Unis (bien que la parité de pouvoir d'achat ne s'applique pas aux produits importés).

Depuis 1991, la classe « moyenne » (qui regrouperait ici les très riches, les consommateurs et une partie de la classe montante) serait passée de 14% des ménages (en 1989-90) à 30% et d'ici 2006-07, elle devrait représenter 40% des ménages, soit près de 450 millions de personnes. Cette classe est particulièrement sensible à la publicité (occidentalisation des modes de consommation) même si le prix demeure leur principal critère d'achat. Cette population a enfin tendance à sous-consommer pour pouvoir épargner (taux d'épargne d'environ 25%).

En Chine également, la robustesse de la croissance s'explique en premier lieu par le dynamisme de la demande intérieure : les ventes au détail conservent depuis 2000 une croissance annuelle proche de 10% (8,8% en nominal en 2002, chiffre supérieur en volume). Pour sa part, la production industrielle a progressé de 9,9% en 2001 et de 12,8% en 2002.

Ainsi, la confiance des ménages dans les perspectives économiques s'est traduite en 2002 par la confirmation d'un nouveau modèle de consommation, pour la frange en expansion de la population ayant un pouvoir d'achat significatif : dépenses de plus en plus orientées vers l'automobile, l'équipement du logement, le tourisme, la santé et l'éducation, les équipements électroniques, tous ayant enregistré des taux de croissance exceptionnels.

Comme en Inde, la grande distribution émerge en Chine (présence de grandes enseignes nationales et internationales dans l'habillement, l'alimentation...), ce qui entraîne une meilleure organisation et rationalisation de la distribution ainsi qu'une croissance de la demande dans les grands centres urbains, par le biais d'efforts marketing plus cohérents.

La politique budgétaire de soutien à la croissance, appelée à se réduire progressivement, va se focaliser sur le développement de la consommation, notamment en zone rurale où il existe de graves difficultés aujourd'hui. Néanmoins, la volonté affichée par le gouvernement chinois de relever le niveau de vie des campagnes est très prometteuse pour la croissance.

Le temps de l'ouverture et des réformes

Ces deux pays-membres de l'OMC (depuis 1995 pour l'Inde, depuis 2001 pour la Chine) demeurent malgré tout encore assez fermés aux importations étrangères. Jusqu'ici relativement protégés des chocs extérieurs (crises monétaires...) du fait de leur fermeture, des bouleversements structurels considérables sont désormais induits par leur appartenance à l'OMC et nécessitent un certain nombre de réformes dans plusieurs secteurs de l'économie.

1) Libéralisation de l'économie indienne dès 1991

L'ère de libéralisation amorcée en 1991 suivie de l'entrée dans l'OMC s'est accompagnée en Inde d'une forte croissance, en particulier entre 1994 et 1997. En fait, la politique de réformes de 1991 (nouvelle politique d'importations et d'exportations, ouverture de certains secteurs économiques aux capitaux étrangers...) a favorisé l'investissement étranger et amorcé un mouvement de désengagement progressif de l'État. Par ailleurs, cette volonté d'ouverture s'est accompagnée depuis le début de 1993 d'un mécanisme élargi de convertibilité de la roupie. Pourtant, alors que la Chine est le 4ème exportateur mondial aujourd'hui, les exportations indiennes comptent pour seulement 9% du PIB du pays et ne représentent toujours que 0,7% des flux mondiaux en 2002. Beaucoup reste donc à faire en terme d'ouverture du pays si l'Inde compte jouer un rôlc économique mondial dans le futur.

2) *Une libéralisation graduelle de l'économie chinoise*

Pour sa part, la Chine a entamé en 1978 un processus graduel de libéralisation de l'économie, relancé en 1992. L'agriculture a d'abord été libéralisée avant que les activités industrielles privées ne soient autorisées. L'ouverture sur l'extérieur s'est manifestée par l'afflux des investissements directs étrangers qui ont décollé à partir de 1992.

Aujourd'hui, les réformes de l'État permettant une plus grande libéralisation de l'économie chinoise sont interdépendantes et leur réussite devrait être le résultat d'un cercle vertueux ; la vente d'actifs d'État sur les marchés financiers nationaux, qui devrait financer ces réformes, met en exergue la nécessité d'assainir le système bancaire ; cet assainissement du système bancaire dépend directement du succès de la réforme des entreprises d'État, une réforme qui permettra de dégager des fonds qui devraient, à terme, fortifier les marchés financiers chinois… À noter que sa réussite conditionne la mise en place de mécanismes de protection sociale plus performants pour les acteurs de la vie économique chinoise.

Parallèlement, les grands objectifs fixés dans le dernier plan de développement économique concernent l'accentuation de la restructuration agricole et de l'économie rurale afin d'augmenter le revenu paysan, ainsi que l'accroissement de l'emprunt d'État pour promouvoir le développement régulier de l'économie, l'amélioration du système social et l'harmonisation de la croissance des régions. L'effort devrait également être maintenu en terme de développement des sciences et de l'éducation dans le pays.

Les prochaines étapes devraient être marquées par un désengagement accru de l'État dans l'économie et par la confirmation d'un secteur privé dynamique et créateur d'emplois. En effet, l'un des succès majeurs du 16ème Congrès a été de faire accepter le rôle des entrepreneurs privés et le principe de « destruction créatrice » comme nouvel axiome de l'économie socialiste de marché.

3) Les différences de politique entre l'Inde et la Chine

Aujourd'hui, le déficit social chinois s'oppose au manque de volontarisme économique indien. Pour ces deux pays, l'amélioration de ces goulets d'étranglement qui les empêchent encore de soutenir un développement efficace est l'un des enjeux majeurs pour l'avenir.

Il est également important de constater qu'à l'heure où l'économie mondiale se régionalise (malgré l'appartenance à l'OMC de nombreux pays) et que de grands blocs économiques se constituent (zones de libre-échange et de coopération économique), les deux géants asiatiques ne sont pas en reste, même si leur situation diffère. Ainsi, tandis que la Chine se rapproche de plus en plus des pays de l'ASEAN et que le pays joue un rôle moteur dans la zone Asie grâce à sa forte croissance et à la stabilité de sa monnaie, l'Inde appartient à une zone moribonde (la SAARC), désorganisée, où les conflits politiques majeurs (tensions indo-pakistanaises) entre les pays les plus puissants de la zone ne permettent pas à l'Asie du Sud de sortir du marasme économique ambiant (au Sri Lanka, au Népal, au Bhoutan ou au Bangladesh). Contre cet état de fait, l'Inde a donc fait savoir que d'ici dix ans, elle entendait signer un accord de libre-échange avec l'ASEAN, afin de ne pas perdre trop de terrain par rapport à la Chine ou au Japon.

Les investissements directs à l'étranger

1) Un bilan mitigé pour l'Inde

Les entrées d'investissements directs à l'étranger (IDE) se seraient élevées à 5,4 milliards de dollars en 2002-2003, soit dix fois moins que chez le voisin chinois ! Néanmoins, ceux-ci ont cru de plus de 20% par rapport à l'année précédente (ils étaient alors de 3,9 milliards de dollars), et même si cet état de fait est partiellement dû à des réformes comptables, il traduit également les efforts fournis par le gouvernement indien pour simplifier l'entrée d'IDE dans le pays aujourd'hui.

Selon une enquête effectuée en 2001 par la chambre de commerce franco-indienne (FICCI) auprès de 385 entreprises étrangères implantées en Inde, couvrant l'ensemble des secteurs industriels :

- ☞ 36% réalisent des bénéfices.
- ☞ 51% d'entre elles se déclarent satisfaites du marché indien et envisagent d'accroître leur présence en Inde.
- ☞ 74% des entreprises interrogées disent que les goulets d'étranglement au niveau de l'administration sont trop élevés et que l'accélération des réformes est indispensable.
- ☞ 43% d'entre elles considèrent également que le régime de taxation doit être rationalisé immédiatement.

Pour la plupart des investisseurs étrangers, des investissements et des améliorations dans le secteur des infrastructures (transport, énergie et télécoms), sont impératifs.

Enfin, le cadre réglementaire est un problème majeur qui doit être considéré sans délai. Ce constat est également en partie valable pour la Chine (en particulier en ce qui concerne les investissements en infrastructure et en formation de personnel).

2) Chine : terre d'accueil des IDE

La Chine est le premier pays pour les IDE aujourd'hui (9,9% des IDE mondiaux), devançant même les États-Unis d'Amérique. La Chine a ainsi attiré 52 milliards de dollars d'investissements directs étrangers en 2002, dont les deux tiers en provenance de Hong Kong et de Taiwan.

Les investissements directs étrangers ont fortement contribué à la transformation de la Chine et notamment à l'augmentation de ses échanges avec le reste du monde. Ainsi, les entreprises à capitaux étrangers, qui sont plus de 425 000 en Chine, contribuent à plus de la moitié des exportations chinoises.

De plus, la diaspora chinoise, l'une des plus puissantes au monde, composée de 60 millions de Chinois vivant hors de la Chine continentale, réinjecte une part croissante de capitaux dans le pays sous forme d'IDE et participe à l'attractivité de la Chine en terme d'investissements. Très bien organisée (système de tantine et de réseaux), cette diaspora est surtout implantée en Asie du Sud où elle contrôle une majorité du capital à Singapour, en Thaïlande, en Indonésie ou en Malaisie, tout en étant bien présente en Amérique ou en Europe.

3) Des économies à deux vitesses

Les entreprises étrangères présentes sur ces deux marchés peuvent être classées en deux catégories : les entreprises bien établies et les nouveaux arrivants. Les entreprises bien établies qui connaissent le terrain sont confiantes et planifient à long terme. Les autres se montrent plutôt impatientes et parfois désenchantées en Inde aussi bien qu'en Chine.

En fait, depuis 1984, la Chine a mis en place un certain nombre de mesures propices aux IDE dans le pays telles que la création des Zones Économiques Spéciales à Shenzhen, Zhuhan, Shantou ou Xiamen (par la suite devenues Zones de Développement Économique et Technologique). On peut également citer le succès des zones frontalières de coopération économique dans le pays.

En Inde, le processus a été plus tardif (à partir du milieu des années 1990) et souvent dépendant des États. Les incitations pour attirer les investisseurs sont généralement spécifiques à chacun, les règles variant du Kerala au Maharashtra, même si la recette générale reste la même (incitations fiscales, zones franches, infrastructures plus performantes que la moyenne, parcs industriels). Les résultats sont pourtant assez décevants, faute d'une stratégie globale et d'une trop grande rivalité entre les différents États de l'Union indienne.

Evaluation du risque d'investissement en Inde et en Chine (Source : Coface)

Le rating-risque de ces deux pays correspond au niveau d'incertitude à investir dans ces marchés, celui-ci étant fixé par des agences de cotations (Standard & Poors, Moody's) qui évaluent dans quelle mesure l'engagement financier d'une entreprise est influencé par les perspectives économiques, financières et politiques de son pays d'implantation.

1) *Points forts et points faibles de l'Inde*

L'Inde est notée A4, ce qui signifie que le comportement de paiement est souvent assez moyen et qu'il pourrait être affecté par un environnement économique et politique d'une stabilité précaire. Néanmoins la probabilité que cela conduise à un défaut de paiement reste acceptable.

L'Inde se caractérise donc par :

- 👍 Un potentiel de marché important (1 milliard d'habitants).
- 👍 Des réformes structurelles (secteur bancaire, libéralisation des échanges, fiscalité) qui avancent progressivement.
- 👍 Le développement des industries des secteurs de la technologie de l'information et des communications.
- 👍 Des réserves de change qui progressent grâce aux revenus des services et aux transferts privés.
- 👍 Une dette extérieure élevée mais gérable. Une situation préoccupante des finances publiques et un endettement interne élevé, la dette publique représentant 87% du PIB.
- 👎 Des faiblesses structurelles dont le sous-investissement en raison d'une faible intermédiation financière et des infrastructures insuffisantes.
- 👎 Une coalition au pouvoir fragilisée par la montée de partis régionalistes peu favorables à l'assainissement budgétaire.
- 👎 Des relations toujours tendues avec le Pakistan, qui est également une puissance nucléaire.

2) *Points forts et points faibles de la Chine*

La Chine est un peu mieux notée, A3, ce qui signifie que le comportement de paiement pourrait lui aussi être affecté par une modification de l'environnement économique et politique du pays, mais que cela reste peu probable.

La Chine se caractérise donc par :

- 👍 La volonté affichée des autorités de poursuivre des réformes structurelles.

- 👍 Une dette extérieure très faible en comparaison des réserves, et dont la structure est très favorable (part à court terme peu élevée).
- 👍 Des comptes extérieurs positifs grâce au maintien du dynamisme des exportations.
- 👍 Un afflux important d'investissements directs étrangers, assurant un gonflement des réserves, qui sont les deuxièmes au monde après celles du Japon.
- 👍 Un taux d'épargne très élevé.
- 👎 D'importantes surcapacités industrielles, alors que la réforme du secteur public se heurte à de nombreux freins.
- 👎 Un secteur bancaire fragilisé par d'importantes créances douteuses sur des entreprises publiques.
- 👎 Une augmentation sensible des ressources budgétaires nécessaires pour la restructuration du secteur public bancaire et industriel, ainsi que pour la résolution des problèmes sociaux et environnementaux.
- 👎 Des écarts de développement, générateurs de tensions entre les provinces côtières riches et les provinces pauvres.
- 👎 De fortes disparités sociales et un chômage en hausse.
- 👎 Des relations délicates avec Taiwan.

Opportunités de marché comparées de l'Inde et de la Chine (Source : COFACE 2003)

Indicateurs	INDE	CHINE	Moyenne Régionale	Moyenne PED
PNB/hab (en PPA USD)	2230	3550	7782	6010
PNB/hab (en USD)	440	780	5595	3899
Indice de Développement Humain (IDH)	0,571	0,718	0,719	0,697
% du revenu national détenu par les 10% les plus aisés	34	30	31	32
% de population urbaine	28	32	48	59
% des moins de 15 ans	33	25	28	32
Nombre de téléphones pour 1000 habitants	27	86	158	148
Nombre d'ordinateurs pour 1000 habitants	3	12	82	53

CHAPITRE II

LES ÉTAPES DE L'INVESTISSEMENT

L'investissement direct désigne *la prise de contrôle majoritaire d'une entreprise existante.*

Selon le FMI, on appelle IDE tout investissement réalisé en vue de l'acquisition d'une société implantée dans un pays étranger. Selon l'OMC, on parle d'IDE lorsqu'une entreprise étrangère détient au moins 10% des parts d'une entreprise locale. L'OMC distingue l'IDE de l'investissement de portefeuille. Les IDE sont enregistrés dans la Balance des Paiements.

En théorie, l'investissement direct comme mode de pénétration du marché étranger est choisi lorsque la firme réunit simultanément certains types d'avantages. Dans les années 70, John Dunning définit dans son paradigme O.L.I (ou théorie éclectique) les trois grands types d'avantages à la transnationalisation :

☞ L'avantage spécifique de la firme (*Ownership advantage*), telle que la différenciation d'un produit, une avance technologique ou des économies d'échelle.

☞ L'avantage de la localisation à l'étranger (*L*), soit la facilité de distribution des inputs et de l'accès aux marchés, la qualité et la proximité des matières premières et l'abolition de la distance psychique.

☞ L'avantage à l'internalisation (*I*), c'est-à-dire la diminution du coût de l'échange, la réduction de l'incertitude, le contrôle de l'offre, de la qualité et des débouchés.

Si cette théorie synthétise une large partie des arguments à la multinationalisation des firmes, un certain nombre d'étapes sont à valider pour réussir un investissement de long terme en Inde et en Chine. Forts de nos expériences professionnelles dans ces pays, nous analyserons dans ce chapitre les différentes phases de l'investissement (recherche de partenaires, prospection, choix d'une forme juridique...), afin d'éclairer l'investisseur français dans ses démarches.

1) Le cas indien

Le 24 juillet 1991 marque la libéralisation de l'économie en Inde. Le pays ouvre ses frontières, accepte les règles de l'économie de marché, et privatise bon nombre d'entreprises d'État. Aujourd'hui, quasiment tous les secteurs de l'économie sont accessibles aux IDE, avec quelques différences en terme de participation financière étrangère dans le capital de la coentreprise :

Secteurs	Participation étrangère
Agriculture, immobilier	0%
Assurance	26%
Défense et presse	26%
Télécommunications	49%
Banque	49%
Autres	100%

2) Le cas chinois

Malgré l'adhésion de la Chine à l'OMC, il existe toujours des restrictions aux investissements directs étrangers. Les IDE sont pourtant nécessaires au pays à deux niveaux différents : ils servent d'une part à compléter une insuffisante production nationale face à une demande de plus en plus importante, et d'autre part ils contribuent à l'augmentation des exportations chinoises. Ainsi, quand les IDE répondent à ces deux conditions, il y'a peu de restrictions, même si les orientations politiques des officiels chinois demeurent assez contraignantes, et les implantations fortement orientées. Les IDE sont donc encouragés dans les secteurs à forte valeur ajoutée technologique, mais limités dans les secteurs où la sûreté de l'État et des intérêts publics sont mis en danger. À savoir qu'en 2002 la Chine a attiré 52,7 milliards de dollars d'IDE, selon les chiffres du Ministère Chinois du Commerce Extérieur et de la Coopération Économique.

En Inde et en Chine, les instances gouvernementales, les officiels et le corps administratif en général jouent un rôle décisionnel permanent dans le processus d'investissement direct. Une des étapes obligées de l'implantation en Inde et en Chine est de gagner la confiance et l'approbation des organismes locaux, sachant qu'ils peuvent être une bonne vingtaine en Chine.

Cependant, malgré le nombre important d'intermédiaires en Chine, le processus d'investissement à l'étranger semble plus simple qu'en Inde. En effet, les différents États de l'Union indienne sont en concurrence pour attirer les IDE, et il n'existe pas d'homogénéité des organismes d'un État à un autre. La Chine semble donc avoir une longueur d'avance sur l'Inde, dans la mesure où elle a compris très tôt l'importance des IDE pour son développement économique, en sachant convaincre les investisseurs du monde entier de venir s'implanter dans le pays.

Les principaux organismes susceptibles d'intervenir en Inde

Organismes en Inde	Objectifs
FIPB (Foreign Investment Promotion Board)	Interface entre les objectifs du gouvernement et les investisseurs en matière d'IDE
IIC (Indian Investment Center)	Renseignements gratuits aux investisseurs étrangers sur les lois, financements…
Reserve Bank of India	Gestion de la monnaie indienne
SIA (Secretary for Industrial Assistance)	Assistance aux entrepreneurs, approbation des projets d'implantation

Les principaux organismes susceptibles d'intervenir en Chine

Organismes en Chine	Objectifs
MOFTEC (Ministry of Foreign Trade & Economic Cooperation)	Approbation des investissements étrangers
COFTEC	Division locale du MOFTEC
Commission Économique et Commission du Plan	Étude de l'adéquation entre l'IDE avec les orientations du Plan
Bureau Technique	Surveillance continue des projet
LAIC : Local Administration of Industry & Commerce	Enregistrement des nouvelles entreprises
Administrations locales du contrôle des changes et de la douane	Autorisations liées aux activités d'import/ export
Bureau de la Main-d'Oeuvre	Regard sur la politique d'embauche
Bureau de l'Administration des Terrains et de la Planification Urbaine	Mise en place des taxes et des droits d'usage
Bureau Local de la Construction	Supervision des projets d'extension

ORGANISMES EXTÉRIEURS

Toute entreprise française souhaitant investir en Inde ou en Chine, que ce soit dans le cadre d'une implantation durable ou d'un projet ponctuel, doit s'informer des généralités sur le pays concerné et des éléments particuliers à son secteur d'activité. Plusieurs organismes extérieurs français sont susceptibles de l'aider dans sa démarche d'approche du marché local, en mettant à disposition diverses informations de veille technique, industrielle ou commerciale, et en aiguillant l'investisseur vers des salons et forums pour créer un réseau de partenaires locaux.

☞ **La Direction des Relations Economiques Extérieures**

La DREE dépend du Ministère de l'Économie, des Finances et de l'Industrie, et a pour but d'appliquer la politique économique extérieure de la France en favorisant l'internationalisation des entreprises françaises.

☞ **Les Missions Économiques**

Les Missions Économiques (ME) dépendent de la DREE, et sont ses antennes un peu partout dans le monde. La Chine et l'Inde comptent chacune trois ME, qui sont un point de contact charnière pour les entreprises françaises, car elles fournissent des informations de base sur les secteurs d'activité, le pays, les contacts locaux, et les diverses opportunités d'affaires…

☞ **Les Directions Régionales du Commerce Extérieur**

A l'inverse des Missions Économiques, les DRCE se trouvent exclusivement en France, et représentent le commerce extérieur français, ou du moins la DREE, au niveau régional.

☞ **UBIFRANCE**

L'agence française pour le développement international des entreprises a pour mission de promouvoir le savoir-faire technologique français à l'étranger, et d'y faciliter l'implantation des entreprises françaises. Elle organise pour ce faire des opérations collectives et des délégations dans les foires et salons à l'étranger.

☞ **Les Chambres de commerce et d'industrie françaises à l'étranger**

Les CCIFe ont pour objectif de mettre en relation les entreprises françaises et les entreprises locales désireuses de monter un partenariat.

☞ **La Compagnie Française d'Assurance pour le Commerce Extérieur**

La COFACE prend en charge les risques liés à une implantation à l'étranger, afin de soutenir les activités d'export françaises. Une notation est effectuée selon le pays, le type d'opération, le sérieux du projet etc…

LA RECHERCHE D'UN PARTENAIRE LOCAL

La recherche d'un partenaire local est une étape critique dans le cadre d'un projet d'investissement, tout particulièrement dans le cas de la création d'une coentreprise. Elle est complexe, conditionne pour partie le succès de l'opération, et peut, quand elle est mal conduite, dérouter l'investisseur voire le « dégoûter » du marché local.

L'investisseur français peut trouver des partenaires commerciaux ou industriels par le biais des organismes d'État locaux et français cités précédemment. Il sera d'autant plus le bienvenu qu'il proposera un investissement à forte valeur ajoutée technologique. Il se peut également – dans certains projets industriels stratégiques – que l'État lui impose une entreprise locale pour le partenariat. Or, s'implanter en Inde et/ou en Chine doit se faire dans une logique économique. Ces deux marchés, et en particulier la Chine, véhiculent une excellente image en matière d'IDE et de sources de profits à court terme. Pourtant, les cas d'échec sont fréquents, et l'investisseur français ne doit ni être leurré par le mythe d'un marché géant rentable, ni grisé par un succès apparent. De nombreux paramètres sont à prendre en considération dans le choix d'un partenaire local, et des questions élémentaires doivent être soulevées concernant :

☞ **La rentabilité et la solvabilité du partenaire**

L'information concernant la comptabilité et les finances du partenaire indien ou chinois est très difficile voire impossible à obtenir. L'opacité sur ce sujet est de mise, d'autant plus qu'il n'est pas dans les habitudes de transmettre ce genre d'information.

☞ **Le marché**

L'entrepreneur français sait pertinemment que les principales attentes d'un partenaire indien ou chinois sont d'accéder à une certaine technologie, et de pouvoir la maîtriser rapidement. Ainsi, il se peut qu'un partenaire potentiel, afin d'attirer l'entreprise française et de remporter le partenariat, fasse la promotion d'un marché rentable inexistant.

☞ **Le lieu d'implantation**

En Inde et en Chine, compte tenu du mauvais état général des infrastructures routières et ferroviaires, le choix du lieu d'implantation de l'entreprise locale partenaire dans un grand centre urbain, dans une province dynamique ou dans un État bien desservi est crucial.

Avant toute précipitation, un diagnostic de l'entreprise partenaire est à établir. Pour ce faire, l'investisseur français a à sa disposition les services des organismes locaux concernés, ceux des organismes extérieurs français, et diverses sociétés de conseil et agents privés spécialisés en la matière.

Il existe pour l'investisseur étranger désireux de s'implanter dans un pays comme l'Inde et la Chine, plusieurs modèles d'implantation allant de la détention à 100% du capital d'une société, à la coentreprise, en passant par le bureau de représentation. Dans les deux pays, les investissements ne sont pas dénués de risques et d'incertitudes, bien au contraire ! Malgré les perspectives de revenus que peut apporter un IDE en Inde ou en Chine, les contrats peuvent à tout moment être remis en cause, en raison de l'instabilité politique (risque souverain) et de l'interventionnisme de l'État, d'où l'intérêt de trouver des relais régionaux pour mutualiser les risques.

Voici ci-dessous un descriptif des différentes options d'implantation en Inde et en Chine. Il s'agit d'un aperçu général, sachant qu'il existe diverses déclinaisons aux formes d'implantations principales.

1) *Investissement dans les zones spéciales*

Malgré les propos de Deng Xiao Ping : « Quand on ouvre la fenêtre on ne peut empêcher les mouches et les moustiques d'entrer », la Chine, comme sa voisine l'Inde, a mis en place des mesures incitatives pour attirer les investisseurs étrangers, afin de développer et de diversifier la production, et de favoriser la croissance économique du pays.

Les EPZ indiennes (Zones Spéciales Export) correspondent aux ZES chinoises (Zones Économiques Spéciales). Dans les deux cas, ces zones sont compétitives sur le marché international et attractives pour les IDE. Elles sont un exemple en matière d'infrastructures routières et ferroviaires, d'électricité et d'eau, de savoir-faire technologique et de main-d'œuvre qualifiée... Bref, ces zones spéciales reflètent la modernité du pays, et traduisent la volonté politique d'accélérer le développement économique. Elles fournissent un tissu industriel certain et des possibilités intéressantes de croissance.

C'est une réussite en Chine : à titre d'exemple, en septembre 2002, la ville de Beijing a approuvé 131 entreprises à investissements étrangers ; autrement dit, quatre coentreprises sont nées chaque jour dans la capitale chinoise.

En Inde, la situation est moins brillante puisque à peine la moitié des entreprises étrangères implantées en Inde indiquent que ce pays est une destination d'IDE bonne ou moyenne en comparaison avec d'autres destinations d'IDE, en insistant sur l'insuffisance des infrastructures, même dans les parcs industriels récemment créés (ex. *Agrofood Parks* inutilisés près de Delhi…).

2) Le bureau de représentation

Le bureau de représentation peut constituer une première étape dans un processus d'investissement à l'étranger car il permet de prospecter les marchés locaux. C'est un moyen d'appréhender les opportunités et les contraintes du marché local, de se familiariser avec le monde des affaires chinois et indien, et de trouver un partenaire local fiable. Par contre cette forme juridique est soumise à d'importantes contraintes : l'objectif doit être clairement un transfert de technologies, et l'activité doit pouvoir à terme favoriser les exportations du pays. Le champs d'action est donc limité, et toute activité industrielle et commerciale est formellement interdite.

3) La succursale

La succursale possède une marge de manœuvre plus grande que le bureau de représentation. Elle est l'interface qui représente la société mère, elle peut avoir des activités d'import/export et entreprendre des collaborations techniques. Par contre, elle est considérée comme société étrangère sur un plan fiscal, ce qui est peu avantageux par rapport à d'autres formes d'implantations. En Chine, cette forme juridique est peu utilisée, alors qu'en Inde, c'est encore un excellent moyen pour une société étrangère d'accéder au marché indien.

4) La filiale commerciale à capitaux exclusivement étrangers

Une société détenue à 100% par des capitaux français est considérée sur un plan juridique comme une société locale. Elle est en effet créée sur le territoire indien ou chinois, et son statut est indépendant de celui de la maison-mère. Elle bénéficie donc du régime fiscal indien ou chinois, où l'imposition est nettement plus intéressante que dans le cas d'une succursale.

Pour que la création d'une filiale détenue à 100% par des capitaux étrangers soit validée par les organismes d'État indiens et chinois, il faut un apport minimal en technologie et un engagement clair en R&D.

Cette forme d'implantation est recherchée par les investisseurs désireux de ne pas s'associer avec des entreprises indiennes ou chinoises. Les gouvernements, de leur côté, y voient un moyen de réduire l'importation de produits manufacturés.

5) La société mixte / coentreprise / joint-venture

Depuis les années 1990 et la volonté de libéralisation de l'économie indienne, il est relativement simple de créer une *joint-venture* en Inde. Mis à part quelques secteurs toujours fermés aux IDE, il suffit aujourd'hui d'un simple contrat entre les parties de la coentreprise pour fixer les droits et les obligations de chacune.

En Chine, depuis l'ouverture économique du pays, la forme juridique de la *joint-venture* a été et reste le principal moyen d'investir dans ce pays. Les flux de capitaux sont facilités par une volonté politique de décentralisation, et les créations de coentreprises sont facilitées par l'autonomie des provinces par rapport au Parti, qui peuvent désormais approuver ou non la formation de *joint-ventures* avec des investisseurs étrangers. Ainsi, le nombre d'usines à participation étrangère augmente à un rythme exponentiel dans le pays : en 1995, il y en avait 18 fois plus qu'en 1985 (5 311 usines contre 282).

La *joint-venture* est donc très prisée des gouvernements indien et chinois, car elle assure un transfert de technologies. Par exemple, le groupe Alstom qui fournit des métros en Chine, a dû accepter que 70% des wagons soient fabriqués sur place, dans des *joint-ventures* nouées avec des entreprises locales. La formule de la coentreprise est ainsi un moyen pour les gouvernements indien et chinois de se procurer des usines et du savoir-faire à moindre coût.

La fiscalité applicable aux entreprises étrangères est beaucoup plus avantageuse en Chine qu'en Inde aujourd'hui, car la Chine a eu plus tôt que sa voisine une volonté politique forte d'attirer les capitaux étrangers. Les entreprises à IDE bénéficient ainsi de nombreux avantages fiscaux en Chine (pour l'instant), d'autant plus si elles se situent dans les Zones Économiques Spéciales. Voici deux tableaux indiquant les principales impositions sur les entreprises étrangères en Inde et en Chine.

☞ **Fiscalité applicable aux entreprises pour l'année 2003 - 2004 en Inde**

	Montant	Spécificités
Année fiscale		Du 1er avril au 31 mars
Impôt sur les sociétés de droit local	36,75%	
Impôt sur les sociétés de droit étranger	42%	
Impôt sur les ventes	4 à 15%	Pas d'imposition au cours d'opérations d'import-export
Droit d'accises	8%, 16%, ou 24%	Taxe sur la fabrication de produits sur le territoire indien
Droits de douane (taux de base)	25% sur le prix CAF	Le montant des taxes varie beaucoup selon les produits
TVA	–	Introduction de la TVA prévue en avril 2005

☞ **Fiscalité applicable aux entreprises pour l'année 2002 - 2003 en Chine**

	Montant	Spécificités
Année fiscale		Du 1er janvier au 31 décembre
Impôt sur les sociétés à IDE	33%	Taux identiques aux entreprises domestiques mais avec des assiettes différentes
TVA	17%	Mise en place en 1994
Taxe sur l'activité	3% à 20%	Calculée sur le chiffre d'affaires
Droits de douane	Environ 12%	Abaissement prévu d'ici 2005

La législation du travail en Inde peut paraître incompréhensible aux yeux de l'investisseur français. Il existe en effet une multitude de textes, de modifications, de règlements, et de lois qui diffèrent selon les États de l'Union indienne. Un droit du travail a été établi lors de la Constitution de 1950, mais reste difficilement applicable notamment en raison des particularités propres aux différents États. En Chine, le droit du travail est plus récent et correspond à la fin de l'ère communiste. Le système du « bol de riz en fer » qui garantissait à tout ouvrier chinois un travail et un salaire à vie, a fait place depuis à un droit du travail qui présente, comme en Inde, de multiples réglementations locales.

☞ **Les conditions de travail applicables**

Malgré un droit du travail vieux de plus de 50 ans, les entreprises indiennes sont encore loin d'appliquer la législation nationale, et de grands efforts restent à faire pour le respect des droits des travailleurs, notamment sur le temps de travail et sur le travail des enfants. Il en est de même en Chine, qui, malgré la façade ultra moderne de ses grosses agglomérations, présente toujours d'énormes lacunes au niveau des conditions de travail.

En Inde, le *Factories Act* fixe les heures de travail des salariés à 9 heures par jour et à 48 heures par semaine, en interdisant formellement l'emploi d'enfants de moins de 15 ans. En Chine, la semaine de travail est de 40 heures, et deux jours de repos sont accordés par semaine.

Toujours en Inde, le *Bombay Shops & Etablishments Act* s'applique aux autres établissements que les usines et accorde des jours de congés payés aux employés (21 jours de congés payés pour 240 jours de travail). En Chine, les salariés ont la possibilité de prendre entre 5 et 15 jours de congés payés par an, tandis que les femmes bénéficient d'un congé maternité payé de 90 jours.

Côté salaires, le *Minimum Wages Act* indien a établi un salaire minimum mensuel de 27 euros, mais qui peut varier selon le type d'emploi et de secteur, tout comme il existe un salaire minimum chinois, déterminé par les autorités locales.

☞ **La protection sociale**

Il n'existe pas de régime de sécurité sociale en Inde. Toutefois, des compagnies d'assurance indiennes peuvent offrir aux entreprises privées qui le souhaitent une certaine couverture sociale aux employés, contre une contribution / cotisation correspondante.

A l'inverse, en Chine, la *Loi sur le Travail* de 1994 oblige les entreprises chinoises à assurer un système de protection sociale à leurs employés. Employeurs et employés versent des cotisations obligatoires à diverses caisses d'assurance sociale afin de disposer d'un minimum de ressources en cas de retraite ou de maladie.

☞ **Le syndicalisme**

Le syndicalisme est très développé en Inde (8000 syndicats actifs), et les mouvements de grève sont fréquents, comme c'est le cas dans l'État du Bengale, qui pâtit d'une mauvaise image en terme de mouvements sociaux. Les entreprises étrangères quittent petit à petit cet État encore récemment communiste (un des plus riches après la décolonisation) à cause de grèves qui dégénèrent trop souvent.

En Chine, bien que la *Loi sur le Travail* reconnaisse l'existence de syndicats, l'action et le rôle de ces derniers sont loin des activités des syndicats indiens. Ils ne revendiquent ni ne défendent vraiment les droits des travailleurs, et leurs revendications obtiennent rarement gain de cause auprès des autorités.

PROPRIÉTÉ INDUSTRIELLE ET TRANSFERTS TECHNOLOGIQUES

Défense de la propriété industrielle

La lutte contre la contrefaçon est un problème très lourd en Inde et en Chine, et est régulièrement source de blocage, voire d'échec dans le cadre d'un investissement étranger. Conscients de l'importance du problème, les deux gouvernements tentent de durcir les lois nationales pour punir et freiner la contrefaçon, sous la pression de l'OMC et des multiples plaintes d'industriels étrangers. Alors qu'il s'agit presque d'une véritable culture en Chine (copier est une marque de respect et signifie que le produit copié est un bon produit), la tendance semble gagner du terrain en Inde.

☞ **Prise de conscience du problème**

Compte tenu de l'importance stratégique des investissements étrangers en Inde et en Chine et des plaintes de nombreux industriels étrangers, les gouvernements indien et chinois renforcent régulièrement leurs législations concernant la lutte contre la contrefaçon. Des lois principales existent déjà concernant la protection des marques et des brevets (*Trade Marks Act* en Inde, accords du GATT en Chine), elles-mêmes renforcées par de multiples autres lois relatives au sujet.

En ce qui concerne la propriété intellectuelle, et donc les droits d'auteur, l'Inde a ratifié les deux conventions internationales de référence (*Bern Convention* et *Universal Copyright Convention*). Le patrimoine intellectuel de l'Inde est en effet un des points forts du pays (notamment par rapport à la Chine) : son industrie cinématographique est la plus importante du monde, et l'élite intellectuelle est réputée dans le monde entier pour son savoir-faire informatique et biotechnologique.

☞ **L'application des lois reste délicate**

Malgré les efforts politiques réalisés en matière de propriété industrielle et intellectuelle, les législations nationales sont peu respectées. En Chine par exemple, sur 4000 plaintes enregistrées depuis 1998, seules 70 ont abouti à des peines de prison, tandis que les CD, DVD et logiciels copiés représentent plus de 90% du marché chinois.

Plusieurs raisons peuvent être mentionnées pour expliquer cette distorsion entre la réalité et la loi. Si la contrefaçon atteint des niveaux industriels malgré une législation de plus en plus sévère, c'est en partie parce qu'elle est inscrite dans les mœurs et dans les habitudes des populations. La contrefaçon ne choque personne, elle est bien souvent une affaire de famille, et permet à un certain nombre de personnes de vivre.

Cependant il faut aussi noter que les moyens mis en œuvre sur le terrain pour faire face à la contrefaçon ne sont pas proportionnels à la volonté affichée des politiques. Les contrôles ne sont pas assez fréquents étant donnée l'ampleur du phénomène, les moyens financiers font parfois crûment défaut, alors que les agents responsables de la lutte contre la contrefaçon sont facilement corruptibles, dans deux pays où les bakchichs sont monnaie courante.

☞ La contrefaçon est-elle plus étendue en Chine qu'en Inde ?

Le marché chinois est de manière générale un marché plus mature que le marché indien, ce qui explique que la contrefaçon semble être plus présente qu'en Inde, où les multinationales se sont implantées ou s'implantent depuis peu. Il semble que cela soit une simple question de temps, temps nécessaire pour maîtriser un savoir-faire industriel et le reproduire.

Le groupe LVMH l'a compris, lorsque, étudiant les possibilités d'une implantation sur le marché indien en 2002, il réalisa qu'il existait très peu de produits copiés dans le domaine des cosmétiques, alors que ses flacons de parfums et ses crèmes de beauté sont copiés à des milliers d'exemplaires et de marques différentes en Chine, où le groupe est implanté depuis longtemps.

Une autre particularité de l'Inde par rapport à la Chine vient de la provenance des produits copiés. Les produits copiés que l'on trouve en Inde ne sont pas forcément copiés en Inde, mais proviennent plutôt des pays pauvres voisins : le Bangladesh et le Sri Lanka… ainsi que d'un pays expert en la matière : la Chine !

C'est pour ces raisons que la contrefaçon semble aujourd'hui moins développée en Inde qu'en Chine. Elle reste cantonnée à certains secteurs de l'économie actuellement en pleine expansion, comme c'est le cas du segment des lunettes de soleil, dont les Indiens sont de fervents consommateurs. Ainsi, la marque de lunettes *Ray Ban* est la marque la plus contrefaite et la plus connue de toute l'Inde !

Le problème de la contrefaçon est donc à nuancer selon le pays, et bien entendu le secteur considéré. Actuellement, la lutte s'intensifie en ce qui concerne le démantèlement des ateliers de contrefaçon en Chine, alors que le contrôle douanier se renforce en Inde, pour empêcher l'introduction de produits copiés venant de l'Asie du Sud.

Problématiques liées aux transferts de technologie et de savoir-faire

☞ Le transfert de technologies : une condition *sine qua non* à l'implantation

L'acquisition de technologies et de savoir-faire étrangers est une priorité de la part des entreprises et des gouvernements indiens et chinois, soucieux de développer leur tissu industriel et d'accéder à la maîtrise de produits à forte valeur ajoutée, et donc à haute rentabilité financière.

Plusieurs moyens sont envisageables pour permettre un transfert de technologies : licence d'exploitation, rachat d'une entreprise locale, livraison de projets clé en main, mais c'est la formule de la *joint-venture* qui semble la plus efficace et la plus prisée en Inde et en Chine. L'association de deux entreprises de cultures totalement différentes voire opposées n'est pourtant pas sans poser de nombreux problèmes, car les attentes des partenaires ne sont pas les mêmes (cf. Chapitre III).

☞ Les enjeux du transfert technologique

Pour un investisseur français, l'intérêt majeur d'un transfert de technologies est l'accès au marché local : son impératif est de conserver la technologie cédée au sein de la coentreprise, afin de ne pas être mis en concurrence sur son propre marché. Pour un industriel indien ou chinois, l'intérêt majeur de la coentreprise est en effet l'accès et la maîtrise d'une nouvelle technologie, afin de l'adapter sur un marché local qu'il connaît bien. Pour l'investisseur français, l'enjeu du transfert technologique est donc de maintenir un partenariat fructueux et prospère, et de garder le contrôle de son savoir-faire.

L'entreprise chinoise Haier est ainsi devenue un géant de l'électroménager grâce à des partenariats étrangers. En 1995, Haier a noué un partenariat avec l'Italien Merloni, un fabriquant de lave-linge, et a pu lancer sa propre marque sur le marché chinois par l'utilisation des transferts technologiques apportés par le biais de la *joint-venture*.

La pénétration du marché indien des fauteuils de cinéma par un constructeur français de fauteuils de conférence s'est soldée par un échec, encore une fois par perte de la maîtrise de son savoir-faire. En effet, en raison de l'encombrement et du poids des fauteuils, leur commercialisation et leur installation dans les salles de cinéma ne pouvaient se faire que par le biais d'une *joint-venture* avec une entreprise locale. Or il fallut peu de temps pour que l'entreprise française soit évincée du marché indien après avoir été mise en concurrence par ses propres fournisseurs locaux.

Réussir son investissement en Inde et en Chine

L'investisseur français trouve autant d'intérêts que l'entreprise indienne ou chinoise à pénétrer le marché local, même si ceux-ci diffèrent. Les Chinois ont à ce sujet une expression décrivant subtilement la relation entre partenaires d'une coentreprise : « même lit, rêves différents ». En ce qui concerne la protection de la propriété intellectuelle et industrielle, d'énormes avancées sont en cours en Inde et en Chine, même si leur efficacité reste à prouver, compte tenu de l'accélération des contrefaçons. Un cadre légal existe néanmoins pour protéger l'investisseur français d'une concurrence illégale. Par contre, il pourra se sentir impuissant dans le cas d'un transfert de technologies lorsque son partenaire local le concurrencera sur son propre marché après avoir intégré la technologie. Un flou juridique persiste en effet en Inde comme en Chine dans le domaine des *joint-ventures* et du respect des contrats.

Quelques conseils peuvent néanmoins être promulgués :

- Choisir sérieusement et prudemment ses partenaires indiens et chinois, ses sous-traitants et ses collaborateurs.
- Travailler avec des personnes de confiance, fidèles, et honnêtes vis à vis du projet d'investissement.
- Assurer une présence française permanente ou régulière sur le marché local, dans la coentreprise, et chez les divers partenaires locaux.
- Parvenir à maîtriser à fond le marché local, et comprendre quels en sont les acteurs clés.
- Établir de bonnes relations avec les administrations locales en charge de la protection de la propriété intellectuelle et industrielle.
- Entrer en contact avec les cabinets d'avocats étrangers implantés en Inde et en Chine.

CONCLUSION DU CHAPITRE II

Un investissement en Inde et en Chine intègre une part importante de risques et d'incertitudes. La méconnaissance des marchés, le choix de partenaires locaux fiables, de cadres réglementaires complexes et changeants, le poids des administrations d'État dans le processus décisionnel, et les risques en matière de propriété intellectuelle et industrielle sont à prendre sérieusement en compte, malgré l'image positive et dynamique dont bénéficie l'Inde et surtout la Chine, où un mythe de la réussite économique s'est véritablement établi. L'engouement pour la Chine et pour l'Inde ne doit pas faire place à un aveuglement quant aux perspectives réelles de profits.

En résumé, un investissement en Inde ou en Chine se fait en plusieurs étapes successives :

☞ Une phase de découverte / recherche d'appuis locaux et extérieurs.

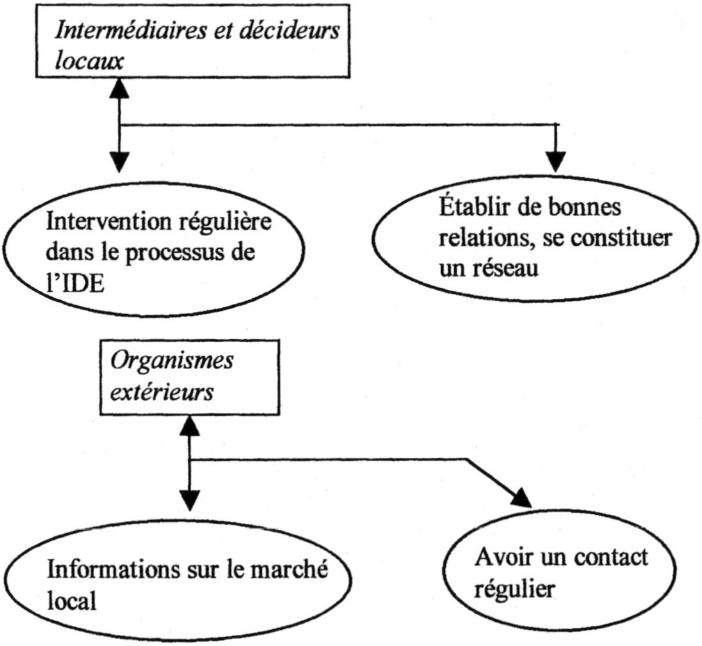

☞ Une phase d'enclenchement de l'activité / du partenariat.

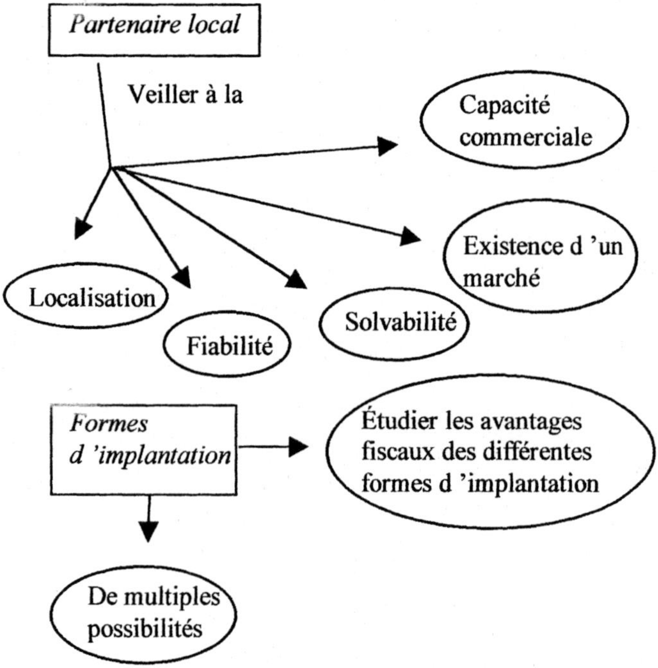

☞ Une phase de verrouillage de l'activité / du partenariat.

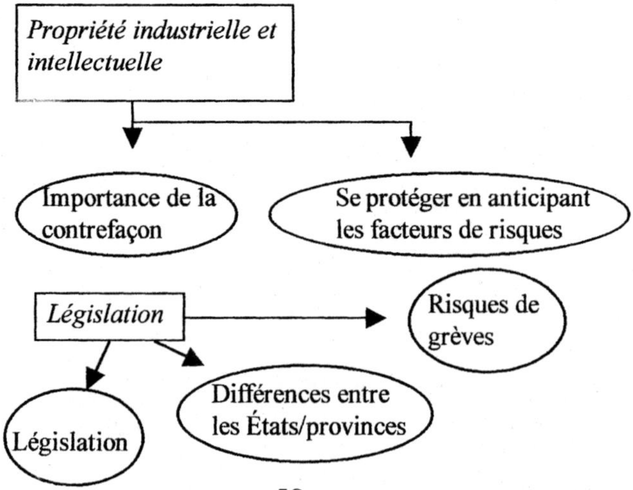

CHAPITRE III

LA NÉGOCIATION D'AFFAIRES

Si faire des affaires c'est d'abord et toujours négocier, les contextes indien et chinois de négociation sont spécifiques – culturellement, juridiquement, administrativement… – et font de la négociation un exercice particulièrement critique pour l'investisseur français. En effet si la phase de négociation avec un partenaire indien ou chinois revêt une importance capitale pour la signature d'un contrat d'affaires, garantir la pérennité et la stabilité d'un partenariat est une mission encore plus difficile, là où la complexité des relations liée aux différences culturelles ira crescendo pour chaque phase de l'investissement ; achat, vente, création d'une coentreprise...

Dans ce cadre, la préparation préalable de la négociation est plus que jamais fondamentale. Ce chapitre identifie les diverses situations que pourra rencontrer le négociateur français en Inde et en Chine, et sera aussi l'occasion d'une présentation rapide et aussi claire que possible des données culturelles propres aux deux grands marchés asiatiques. Nous présenterons d'abord ce que nous qualifions de « grands traits culturels » des deux civilisations, nous aborderons ensuite les éléments clés de la conduite d'une négociation, nous traiterons de l'étape de l'accord et de la mise en œuvre des conditions de pérennisation de la relation d'affaires et nous proposerons enfin au négociateur occidental quelques recommandations communes aux deux marchés afin de mieux négocier.

Des traits de civilisation apparemment communs

Plusieurs aspects communs « immédiats » apparaissent à l'investisseur français qui entretient des relations (professionnelles ou personnelles) en Inde et en Chine. Nous tenterons ici de présenter ceux-ci de manière « simplifiée » avant de procéder à une étude plus pointue des spécificités propres à chacun de ces deux systèmes de pensée, qui semblent autant s'enlacer qu'ils se contredisent dans leurs fondements.

1) Prépondérance de la religion populaire

Il est périlleux de traiter du mode de relation qu'entretiennent les Indiens et les Chinois à la religion dans leur vie quotidienne. Ces sociétés semblent complexes aux yeux des Occidentaux et les affirmations suivantes résultent de nos propres observations sur le terrain. Elles ne sauraient en aucun cas être présentées comme des vérités absolues.

Au quotidien et dans le cadre de la pratique religieuse, ces deux peuples nous sont apparus plus préoccupés par les résultats à court terme que par un véritable ascétisme philosophique, même si une grande pratique spirituelle est toujours d'actualité. Ce paradoxe vient du fait qu'une partie importante des populations reste préoccupée par la satisfaction de besoins primaires (se nourrir, se loger), alors que la vie communautaire et sociale est rythmée par les rites religieux. Ajoutons que beaucoup d'Indiens et de Chinois attendent de la religion des résultats concrets et n'hésitent pas à faire appel à l'aide de Shiva pour faire redémarrer un moteur noyé ou à appeler à l'aide les divinités de la forêt pour chasser les mauvais esprits.

Cette pratique d'une religion « terrestre » plutôt que purement détachée du monde matériel prend souvent les formes de la superstition dans l'un comme dans l'autre pays. Ainsi, il n'est pas rare pour l'investisseur français d'assister à certains « rituels » à son arrivée dans une salle de réunion en présence d'Indiens ou de Chinois : présence de statues de divinités et de guirlandes de fleurs, respect de l'ancêtre, nombreuses effigies représentant le fondateur de l'entreprise…

2) Présence d'un certain communautarisme patriotique

En Inde, l'indo-centrisme est patent, et résulte de la pensée hindouiste dominante qui considère que l'Inde est non seulement au centre de l'univers, mais qu'elle en est également la mère naturelle – *Mother India* – qui s'oppose au reste du monde, considéré comme « impur » et inférieur sur un plan spirituel. De la même manière, pour les Chinois, la Chine est au centre de la terre – « Chine » se dit d'ailleurs *Zhongguo* en mandarin, ce qui signifie « pays du milieu ». Le sino-centrisme populaire a longtemps considéré ce qui est chinois comme civilisé et ce qui est étranger comme barbare, d'où un certain ressentiment national, voire de la xénophobie.

Encore aujourd'hui, nombre d'Indiens et de Chinois considèrent que leur pays a une revanche historique à prendre sur les puissances occidentales dominatrices, ce qui peut se traduire pour l'acteur étranger par des stratégies de négociation dures et des pratiques non éthiques telles que le copiage et la contrefaçon.

3) Une culture bureaucratique forte

En Inde, l'émergence d'une classe moyenne de fonctionnaires date de l'emprise britannique sur le pays. Dans une ville telle que Delhi, où le *Red Tape* fait partie du folklore local et où les tracasseries administratives sont légion – à quelque niveau que ce soit – cette classe « sociale » se considère comme une élite à qui tout est dû… Ainsi, les traitements de faveur sont pratique courante et vont des spectacles artistiques gratuits sur invitation aux passe-droits généralisés (non-paiement des transports publics ou de taxes obligatoires…), tandis que les règles édictées sont toujours plus nombreuses, plus strictes et plus absurdes (il est ainsi nécessaire de s'armer de beaucoup de patience et d'un pouvoir de persuasion extrême en ce qui concerne la reconduction de visas, d'autorisations administratives ou de licences quelconques…).

En Chine, le système des examens nationaux est né sous la dynastie Sui qui a favorisé l'émergence d'une classe lettrée, puissante et privilégiée d'administrateurs dans les districts, provinces et au niveau national pour les meilleurs. L'objectif était la constitution par la sélection d'une machine administrative professionnelle compétente. Cette tradition bureaucratique est toujours très présente, et face à un pouvoir quasi inique des autorités, les individus doivent élaborer leur propre réseau d'entraide, de protection et de solidarité (exemple des *guanxi* omniprésentes en Chine). Un des principaux revers de ce système est donc la corruption, qui permet (paradoxalement) bien souvent de détourner cette pression bureaucratique écrasante.

Les fondements du système de pensée actuel en Inde et en Chine

1) Identité religieuse en Inde

☞ **L'hindouisme**

L'origine de l'hindouisme remonte aux débuts mêmes de l'histoire de l'Inde. La littérature sacrée repose sur quatre *Vedas*. (*Veda* signifiant en sanskrit « savoir / connaissance »). Ce sont : la *Rig Veda*, la plus importante car elle présente les divinités et les prières rituelles, la *Sama Veda*, qui traite les branches scientifiques, l'*Ayur Veda*, contenant des rituels de sacrifices et de médecine, et enfin *l'Atharva Veda*, traitant du domaine social. Ces quatre œuvres très poétiques sont interprétées et enseignées par des maîtres spirituels (*gurus*), et regroupent un ensemble d'approches différentes de la réalité sur laquelle se fonde la vie.

Cette religion est de loin la principale, car elle concerne 82% de la population indienne aujourd'hui. Mais le terme « hindouisme » n'existe pas dans le vocabulaire religieux hindou, qui utilise un mot propre signifiant « loi cosmique et universelle sans origine ».

☞ **Les fondamentaux de la religion hindouiste**

La pensée hindouiste met l'accent sur la présence et la cohabitation de deux « soi » : le soi individuel et le soi universel. Le premier est celui de l'existence matérielle et reflète l'image de la vie phénoménale, c'est-à-dire assujettie aux sens et aux émotions.

Le soi universel reflète pour sa part la vie nouménale, c'est-à-dire celle de la vérité immuable et éternelle. Le but de l'hindou pieux est de se détacher de son moi phénoménal, pour se consacrer à la recherche de la vérité éternelle. C'est en atteignant ce but qu'il échappera au cycle infernal des réincarnations, qui le condamne à demeurer dans l'enfer terrestre.

☞ **Le système des castes**

Les castes tiendraient leur origine d'une volonté de séparation entre les conquérants aryens de l'Inde et ses populations aborigènes. Aujourd'hui, le système des castes est garant de la vie religieuse, politique et sociale dans le pays.

Liée à la naissance, la caste est fermée et on ne peut en changer que par le biais des réincarnations. Ainsi, chaque hindou est marqué par son destin sans pouvoir y échapper. L'appartenance à une caste déterminée dépend de la pureté des actions perpétuées dans une vie antérieure, mais dépend également du corps de métier auquel on appartient. Ainsi, d'après la tradition des *Vedas*, on distingue quatre grandes catégories : les *Brahmanes* (prêtres et hommes saints), les *Kshatriyas* (guerriers), les *Vaishyas* (commerçants ou agriculteurs), et les *Shudras* (artisans). Les *intouchables* – ou hors castes – ne représentent rien pour le reste de la population, et sont considérés comme des parias.

Le système est si profondément ancré dans la culture indienne que l'abolition de l'intouchabilité par la première Constitution de l'Inde indépendante de 1950 n'a pas changé grand-chose dans les faits. Cependant, les exceptions existent : le précédent président indien était issu de cette classe de la population !

Ainsi, pour avoir le premier en 1996 introduit aux Nations Unies les discriminations dues à la caste, l'Indien Ravi Nair a été traité dans son pays « d'agent à la solde du Pakistan et d'élément antinational ». Celui-ci estime que l'amélioration du sort des 170 millions d'intouchables passe d'abord par des réformes économiques et sociales, avant de rentrer dans les mœurs de la population. En effet, la caste demeure un instrument d'exploitation économique, même si peu à peu, certaines évolutions prennent place dans les mœurs des citadins indiens.

2) Identité religieuse en Chine

☞ **Le taoïsme**

Le taoïsme est une religion d'origine purement chinoise, apparue au VIième siècle avant J-C. Le taoïsme prône l'harmonie avec la nature et les lois de l'univers. D'après Lao Tseu – auteur présumé du Tao (la « Bible » taoïste) – les lois de l'univers sont régies par le *yin* et le *yang*, c'est-à-dire par deux principes contradictoires (le blanc et le noir, l'homme et la femme etc). Le taoïsme indique à l'être humain comment être en harmonie avec la nature. C'est pourquoi cette religion est centrée sur l'individu lui-même, qui doit parvenir à entrer en méditation afin d'atteindre le côté universel et immortel des choses.

☞ **Le bouddhisme**

C'est en Inde, au VIième siècle avant notre ère, par réaction à la culture sacrificielle brahmanique, que Siddharta Gautama – Bouddha – eut sa révélation. Le bouddhisme arriva en Chine au Ier siècle, puis essaima au Tibet, au Japon, en Mongolie et en Corée, alors qu'il déclinait peu à peu en Inde, absorbé par l'hindouisme.

Bouddha prêchait la loi (*dharma*) selon laquelle la vie n'est que souffrance à cause des pulsions et des passions des hommes. Il proposa la méditation comme remède, c'est-à-dire l'indifférence à tout désir, qui peut conduire, par étapes, à la contemplation, puis au *nirvana* (paix intérieure). Aujourd'hui en Chine, après une répression violente des pratiques religieuses sous l'ère Mao, le bouddhisme semble revivre et se développer.

☞ **Le confucianisme**

C'est sous la dynastie des Han (IIième siècle avant notre ère) que le confucianisme a imprégné l'ensemble de la société chinoise. Le confucianisme est plus une philosophie qu'une religion à proprement parler, car ce courant de pensée ne possède ni dieux ni démons. Il propose au contraire des règles de conduite à la société pour qu'y règne l'harmonie, et ses valeurs cardinales sont le respect de la famille, des anciens et de la hiérarchie. En fait, l'individu n'a que peu d'importance par rapport à la société, et il s'agit là encore d'atteindre une forme de sagesse universelle.

☞ Le maoïsme

L'ère Mao a imposé son idéologie philosophique au peuple chinois. D'un point de vue global, le maoïsme a reproduit les caractères de la Chine traditionnelle : approche collectiviste, pouvoir de la hiérarchie... Pourtant, des moyens violents ont été instaurés à l'époque pour faire du Parti la nouvelle religion du peuple. La Révolution Culturelle a ainsi délibérément stigmatisé la religion traditionnelle, alors considérée comme aliénante et arriérée. Des moyens dissuasifs furent employés pour détruire le passé religieux de la Chine : les temples et les autels furent détruits, les pratiques religieuses interdites... Cela n'empêcha pas la religion chinoise de survivre, comme en témoigne aujourd'hui la renaissance du sentiment religieux dans le pays.

Aujourd'hui, le maoïsme n'a pas totalement disparu de l'esprit des Chinois. Deux principes fondamentaux existent toujours : il s'agit du *danwei*, qui marque l'identité du travailleur, et du *hukou*, qui indique le lieu de résidence géographique de chacun.

La pensée hindoue et la culture chinoise conditionnent une certaine façon d'appréhender le monde, et véhiculent un mode de pensée différent de celui des Occidentaux. Caractériser ce mode de pensée est difficile mais l'exercice doit être tenté car c'est de ces spécificités que naît l'essentiel des problèmes entre les Indiens et les Chinois avec les étrangers dans les relations d'affaires.

1) Caractéristiques du mode de pensée indien

☞ **Fatalisme**

L'un des principes fondamentaux de la religion hindouiste est le principe de la réincarnation. Les Indiens acceptent leur condition et la vie qu'ils mènent, et croient en la destinée. Ce qui arrive devait arriver. Ce que je ne suis pas, je le serais peut-être dans une prochaine forme de vie. Dans un cadre de négociation, ce fatalisme peut influencer directement les relations entre les partenaires, dans la mesure où le Français est plutôt marqué par les principes du christianisme qui indiquent notamment une volonté de progrès.

☞ **Omniprésence des symboles**

Les Indiens sont de manière générale fétichistes. Des statues de divinités aux portraits d'ancêtres en passant par l'adoration du *Swastika* (croix hindoue symbolisant le « cycle » de la vie), ces symboles accompagnent l'Indien dans sa vie de tous les jours. La présence des rites religieux est encore très développée, et les actions se déroulent en harmonie avec la volonté des dieux.

☞ **Importance de la méditation**

Depuis des siècles, l'Inde est le symbole du voyage intérieur. La méditation fait partie du mode de pensée des Indiens, et on pourrait affirmer que cela a une influence dans le milieu des affaires, dans la mesure où ils accordent beaucoup de temps à la réflexion avant de s'engager dans l'action.

2) Caractéristiques du mode de pensée chinois

D'après les études du sinologue français Marcel Granet (1884-1940), parues dans « *La civilisation chinoise* » (1929) et « *La pensée chinoise* » (1934), les Chinois ont une approche holiste des problèmes :

☞ **Une vision globale des choses**

Les Chinois ne décomposent et n'analysent pas les phénomènes comme Descartes nous l'a appris. Le contexte est plus important que les causes du contexte. Ils appréhendent les situations complexes plus par l'intuition que par le raisonnement. Cette façon si différente de la nôtre de voir les choses est un des problèmes majeurs de mésentente et de mauvaise compréhension entre les Chinois et les Occidentaux.

☞ **Une pensée « concrète »**

Une pensée très pragmatique découle de cette vision globale des choses. Ce pragmatisme s'oppose encore une fois à la pensée très théorique des Occidentaux. Les Chinois sont explicites, comme le prouve notamment la calligraphie, qui utilise des figures représentant clairement des choses concrètes. Ils s'appuient sur l'expérience et le vécu, et aiment recourir aux métaphores et aux proverbes populaires.

☞ **Une démarche associative**

D'après la religion taoïste où le *yin* et le *yang* régissent les lois de l'univers, il faut vivre en harmonie avec la nature. Dans les faits, cela se traduit par le principe de non-contradiction : ce qui est vrai peut être faux et inversement. Dans le monde des affaires, cela complique les relations avec les étrangers qui peuvent être amenés à croire que leurs interlocuteurs chinois sont versatiles.

3) Caractéristiques communes principales

☞ **Des sociétés à « haut contexte »**

Le système de communication asiatique est qualifié de « haut contexte » selon les termes de l'anthropologue américain Edward T. Hall. Les impressions et les sentiments sont plus importants que les mots. D'après la réflexion d'un patron chinois en France, un Français emploiera 150 mots pour exprimer 100 choses, alors que son homologue chinois n'en utilisera que 70 pour en évoquer 100. Mao alla même jusqu'à dire : « une image vaut mieux qu'un millier de mots ».

☞ **Une idée circulaire du temps**

Alors que pour les Occidentaux, le temps constitue une progression linéaire, (il existe un passé, un présent et un avenir), pour les Indiens et les Chinois, tout ce qui arrive est déjà arrivé et arrivera de nouveau; ce qui n'est jamais arrivé n'arrivera jamais. Le temps tourne donc en rond, sans commencement ni fin.

☞ **Une vérité relative**

La plupart des Occidentaux admettent qu'il existe une vérité absolue : un fait est vrai ou faux, et ce qui est vrai pour l'un l'est pour tous.

Chinois et Indiens croient au contraire que la vérité est relative et changeante. Le Mahatma Gandhi en est le parfait exemple : il frustrait et déroutait constamment ses collaborateurs politiques indiens et anglais, car il changeait d'avis et de position, et revenait sur ses décisions très souvent concernant l'indépendance et la partition de l'Inde.

Oppositions principales entre l'Occident et l'Asie

OCCIDENT	ASIE
Influence du christianisme	Influence du confucianisme, de l'hindouisme
Approche scientifique	Approche désordonnée
Logique	Emotion
Individu	Groupe
Liberté	Appartenance
Egalité	Hiérarchie
Valeurs absolues	Valeurs relatives

SPÉCIFICITÉS COMPORTEMENTALES

Un mode de pensée différent implique des comportements différents. Nous présentons ici quelques spécificités comportementales propres aux Indiens et aux Chinois. Ces dernières ne sont pas présentées comme des vérités inéluctables mais des réalités justifiées par leur récurrence dans les faits.

1) Spécificités comportementales indiennes

☞ Omniprésence du sacré

La religion hindoue est présente au quotidien, aussi bien dans la vie de tous les jours que dans les milieux d'affaires. Ce qui frappe l'étranger quand il rentre dans le bureau d'un collaborateur indien, c'est le portrait d'un ancêtre entouré d'une couronne d'œillets d'Inde oranges, une statue d'un dieu (souvent celle de *Ganesh*, le dieu de la prospérité et de la chance), une odeur d'encens qui embaume la pièce, des bougies allumées près d'un petit autel…

Ainsi, beaucoup d'Indiens font le *puja* (prière) avant d'effectuer quelque chose d'important, afin d'appeler la clémence et l'aide des dieux. Cela peut déstabiliser l'investisseur français qui ne connaît pas les pratiques indiennes. Dans nombre de bureaux, l'un des principaux rites à respecter est le fait d'enlever ses chaussures avant d'entrer dans une salle de réunion. Il faut alors veiller à ne pas montrer le dessous de ses pieds à son interlocuteur indien qui trouvera cela déplacé (les pieds étant considérés comme impurs) et surtout à ne pas toucher du pied un livre ou un document écrit, ce qui serait sacrilège !

Pour l'anecdote, la visite d'un haut dignitaire français à Bénarès (berceau de l'humanité pour les hindous) qui a assimilé la saleté du Gange au manque de pureté des eaux du fleuve sacré a causé un début d'incident diplomatique en Inde ; l'insalubrité des eaux du Gange ne remettant aucunement en cause sa pureté absolue… Il est donc important de veiller à ses actes et à ses paroles en Inde afin de ne pas commettre l'irréparable !

☞ Importance de la gestuelle

Certains gestes courants sont souvent source de mésentente entre interlocuteurs français et indiens. En effet, un acquiescement de la tête peut signifier « non » et inversement. Souvent, un Indien émettra un signe d'approbation alors qu'il n'est pas du tout d'accord sur le fond, en fait, il montre à son interlocuteur qu'il comprend où celui-ci veut en venir.

L'utilisation de la main gauche doit également être proscrite autant que possible dans un contexte social, celle-ci étant généralement employée pour les tâches « impures »…

☞ Humour et curiosité

L'humour est omniprésent en Inde et prend des formes variées, alliant des restes de la culture britannique (humour noir, pince-sans-rire), à un humour moins subtil. Il vaut mieux éviter les remarques spirituelles et sarcastiques, les Indiens étant assez hermétiques au second degré... Il y a un décalage entre l'humour indien et l'humour français, lié généralement à un manque de références culturelles communes, même si le rire est une valeur partagée par les uns et les autres !

Les Indiens sont également très curieux, on doit donc s'attendre à des questions indiscrètes liées à leurs préjugés par rapport aux Européens ; ainsi, des questions telles que « vous êtes marié ? », « combien gagnez-vous ? » ou « êtes-vous végétarien ? » sont plutôt fréquentes.

À savoir que certains sujets ayant pour origine la religion sont encore tabous pour un bon nombre d'Indiens, tels que la nourriture non-végétarienne ou encore le système des castes. Discuter politique par contre ne pose généralement aucun problème aux citoyens de la plus grande démocratie du monde.

☞ Des rituels immuables

Un moment pour le thé (*tchaï* en hindi) est toujours accordé avant le démarrage de la négociation. Le thé sera toujours apporté par un *baya* (frère en hindi), c'est-à-dire par un employé d'une caste inférieure, et il ne faut pas s'étonner de l'indifférence voir du mépris du collaborateur indien à l'égard de son serviteur, qui est encore généralement de mise aujourd'hui.

En raison du climat chaud qui caractérise la majeure partie de l'année, il est également coutumier de faire une longue pause à l'heure du déjeuner. Beaucoup d'Indiens en profitent alors pour faire la sieste dans leurs bureaux, sur un petit tapis à même le sol. Il est d'ailleurs assez fréquent de trouver les couloirs du siège des grandes entreprises et des administrations indiennes privés de lumière durant la pause du déjeuner, les coups de fil sont irrémédiablement refusés par les standards téléphoniques... Bref, la sieste est sacrée !

Les Indiens ont généralement leur déjeuner préparé par la famille. Beaucoup continuent en effet à ne pas vouloir toucher à la nourriture préparée par d'autres qu'eux-mêmes par souci d'impureté. Ils se réunissent néanmoins souvent dans une même pièce où ils partagent leurs repas en se faisant découvrir les spécialités de leur région (dans les grandes villes en effet, les collaborateurs indiens proviennent souvent de régions éloignées, aux coutumes et aux traditions culinaires très différenciées).

À savoir que l'accueil est sacré en Inde et que vos hôtes se feront une joie de précéder vos moindres demandes, allant même parfois jusqu'à vous étouffer par trop d'attention à votre égard.

☞ **Attention au calendrier indien**

Il suit les fêtes religieuses hindoues. Les fêtes chrétiennes et musulmanes ne sont suivies que par les chrétiens et les musulmans, mais à l'inverse, certaines fêtes religieuses hindoues sont célébrées par tous (les plus célébrées étant *Dussehra* en octobre et *Diwali* en novembre). L'étranger se doit de connaître les spécificités de ce calendrier afin de ne pas proposer de rendez-vous à une date mal choisie.

Les comptes des entreprises suivent également ce calendrier, et les budgets sont clôturés en octobre. De même, les prévisions et les bilans économiques publiés par les différents ministères indiens courent de mars à mars.

2) Spécificités comportementales chinoises

☞ **Garder la face (*mianzi*) avant tout !**

C'est fondamental pour les Chinois. La réputation et l'apparence de sa personne ont des rôles majeurs dans la vie sociale, dans la sphère politique et dans le monde du travail. Le but est de maintenir sa réputation et celle de son collaborateur, et de manière générale de maintenir l'harmonie autour et à l'intérieur de soi !

Dans les négociations avec des étrangers, les Chinois doivent non seulement maintenir leur image et ne pas salir celle de leur hôte, mais également veiller au prestige de leur pays... Des situations complexes voire rocambolesques apparaîtront alors aux yeux de l'investisseur français, qui ne comprendra pas pourquoi son interlocuteur privilégié habituel n'est pas au rendez-vous, boycotte sa réunion ou décline son invitation à dîner. Il est en effet préférable pour les Chinois de décider en coulisse lors de situations épineuses, plutôt que de montrer tout souci ou problème qui pourraient nuire au *mianzi*.

Cette préoccupation est probablement la principale raison de l'aversion des Chinois pour le risque. On peut ainsi expliquer le taux d'épargne élevé des Chinois, la méfiance qu'ils éprouvent à l'égard des étrangers dans leurs affaires, et leur recherche obstinée de résultats visibles sur le court terme.

☞ **L'importance du réseau (*guanxi*)**

Le *guanxi* est le réseau chinois des relations personnelles. Il s'agit de la famille, des amis, des collaborateurs... Il est essentiel dans la vie des Chinois et joue un rôle considérable au niveau de l'entraide et de la solidarité.

Pour un investisseur français, le *guanxi* est à intégrer directement dans la stratégie d'investissement. En effet, notamment aux débuts des affaires avec les collaborateurs chinois, le *guanxi* peut être source de blocages. Si l'investisseur n'est pas considéré comme partie intégrante du réseau, il aura d'immenses difficultés à obtenir les informations qu'il désire. L'objectif dans ces conditions est alors de gagner la confiance des partenaires chinois, et de construire son propre réseau, sans lequel rien ne serait possible !

☞ **L'importance de la hiérarchie**

Alors que les Occidentaux guident leurs actes selon leur morale et leur tradition chrétienne, les Chinois les dirigent selon l'image qui va en découler, dans le but de préserver leur face sociale. Par conséquent, les Chinois agissent toujours pour l'intérêt du groupe (famille, amis, entreprise…) et respectent toujours la hiérarchie et les personnes d'âge mûr. Dans les affaires, les Chinois accordent énormément d'importance à l'âge et au statut de leur interlocuteur. Ils montreront ainsi plus de respect à quelqu'un d'âgé qu'à un jeune cadre dynamique.

☞ **Maîtriser les rituels et les codes**

De manière générale, la maîtrise des rituels est perçue comme un symbole de civilité. De plus, ces rites empêchent les comportements spontanés et les initiatives qui pourraient rompre l'harmonie des choses. Ainsi, les chiffres et les couleurs ont des significations qu'il faut connaître lorsque l'on fait des affaires avec les Chinois. Ils sont en effet interprétés comme bons ou mauvais présages et peuvent aboutir à de petits incidents diplomatiques si le Français non aguerri s'habille de blanc (couleur de la mort et du deuil comme en Inde) ou de noir (le désastre). Il faut également éviter de fixer des rendez-vous le 4 du mois (en souvenir des quatre fléaux chinois) et privilégier le 5, le 6 ou le 8, signes de prospérité et de chance.

3) Rituels asiatiques incontournables dans un cadre d'affaires

Recommandations communes :

- Offrez un cadeau en signe de future collaboration.
- N'ouvrez pas un cadeau devant celui qui l'offre.
- Refusez la nourriture que l'on vous offre avant de l'accepter.
- Prenez connaissance du code des bonnes manières à table : apprenez à manier les baguettes ou à utiliser votre main droite à propos…

- N'oubliez jamais que « la parole est d'or », et que vos propos vous engagent souvent plus que vous ne l'auriez imaginé…
- Ne remerciez pas « à la française », à tort et à travers… Les Indiens et les Chinois ne disent jamais merci !
- Evitez de vous habiller « à la locale », afin de ne pas être en décalage avec votre interlocuteur, qui sera, à coup sûr, vêtu d'un costume occidental…

Recommandations spécifiques en Inde :

- Evitez de commander de la viande durant un premier repas d'affaires, au risque d'incommoder votre interlocuteur, probablement végétarien.
- Refusez poliment les desserts traditionnels au lait, qui, s'ils sont des mets sacrés pour les hindous, se révèleront généralement indigestes et peu savoureux à vos papilles…

Recommandations spécifiques en Chine :

- Remettez vos cartes de visite à deux mains comme un présent.
- N'écrivez jamais sur la carte de visite de votre interlocuteur, puisqu'elle représente sa face.
- Ne refusez jamais l'alcool que l'on vous offre (même si visiblement votre interlocuteur cherche à vous saouler).

Les négociateurs indiens, chinois et français n'attendent pas de leurs interlocuteurs qu'ils se comportent comme eux, mais exigent simplement le respect d'un code de bonnes manières et de civilités... Les valeurs culturelles n'étant pas les mêmes, tout l'enjeu consiste alors à respecter et à comprendre au maximum son interlocuteur, afin de ne pas bloquer le processus de la négociation.

Problématiques liées au langage

1) Le pouvoir linguistique en Inde par rapport à la Chine

L'anglais étant une langue officielle de l'Union indienne, les échanges d'informations sont relativement simples puisque la très grande majorité de vos interlocuteurs potentiels le parleront couramment. Il est également possible de repartir d'Inde avec un bon de commande, ce qui n'arrive quasiment jamais en Chine. En fait, la difficulté réside surtout dans les modifications continuelles des numéros de téléphone et dans les noms de quartiers. Il est donc nécessaire de remettre à jour régulièrement son carnet d'adresse indien en acceptant les cartes de visite qui vous seront proposées de façon répétée, même par quelqu'un apparemment peu important, en effet son numéro de téléphone vous donnera peut-être des indications sur le changement de numéro d'un ancien interlocuteur que vous cherchiez à joindre (rajout d'un indicatif dans tel État).

2) Connaissance du mandarin

La maîtrise du mandarin ou d'un des grands dialectes nationaux implique une bonne connaissance culturelle de la Chine, elle flatte l'interlocuteur chinois, et dissimulée, elle peut aussi permettre la compréhension de messages cachés entre acteurs chinois.

Pour l'anecdote, lors de l'intervention d'entreprises occidentales dans le pays, les traducteurs locaux ont parfois pour recommandation d'orienter les négociations en faveur de leurs compatriotes...

Même si c'est parfois un atout, la connaissance du mandarin peut être une arme à double tranchant comme l'exprime ce proverbe chinois : « ne crains pas le ciel mais crains seulement les étrangers qui parlent chinois ».

En effet, outre une source de méfiance de votre interlocuteur vis-à-vis de vous, la connaissance de la langue est également problématique dès lors qu'elle est imparfaite, puisqu'elle nuit à la compréhension des uns et des autres des enjeux liés à votre partenariat. Ainsi, votre interlocuteur aura peut-être une vision faussée de votre attitude (qu'il attribuera à la ruse) tandis que vous pourriez perdre le contrôle de la communication en incluant un paramètre que vous ne maîtrisez pas totalement, et où votre homologue chinois est nécessairement en position de force par rapport à vous.

3) Obstacles et barrières à la communication

Les Asiatiques ont une vision de la vie et du travail très différente de celle des Occidentaux, et certains comportements récurrents sont à connaître pour l'investisseur qui ne veut pas tomber dans le piège des barrières culturelles.

En effet, il faut savoir que l'homme occidental inspire à la fois l'admiration des Asiatiques, en tant que symbole de richesse et de réussite, mais également un sentiment de dédain, car il représente un être immoral aussi bien qu'un ancien colon impitoyable.

De manière plus pragmatique, le décalage entre un investisseur français et son homologue indien ou chinois découle également d'une perception différente de leur travail, et des obligations auxquelles ce dernier les lie.

Par exemple, Indiens et Chinois n'ont pas (en pratique) d'horaire fixe de travail alors que le Français a l'habitude de travailler dans un cadre légal relativement strict. Ainsi, si un partenaire asiatique fait appel à son homologue français pour une mission, et que celui-ci refuse de faire des heures supplémentaires, cela peut avoir des conséquences fâcheuses, car les partenaires étrangers ne comprennent pas un tel comportement.

Ce décalage tient enfin, sur un plan relationnel, à la peur de décevoir (pour les Indiens) ou à celle de perdre la face (pour les Chinois). Celle-ci vient régulièrement compliquer les enjeux ou la problématique d'une situation, en raison du flou volontaire ou involontaire laissé par les uns et les autres... En pratique, cette attitude est parfois déstabilisante, alors que les appels téléphoniques promis n'ont pas lieu, et que la réunion prévue de longue date est annulée à la dernière minute, sans explication... En effet, dans un cas comme dans l'autre, une promesse obtenue sous trop forte pression de votre part aura peu de chances d'être respectée par votre interlocuteur...

4) L'image du négociateur français

Le Français n'échappe pas aux *a priori* et préjugés classiques. Il est jugé plutôt méthodique, l'influence de Descartes étant toujours d'actualité au XXIème siècle ! Il s'appuie sur des règles théoriques pour les appliquer aux situations concrètes. Il a également ce petit côté romantique bien de chez nous, ce qui n'est pas neutre dans le milieu des affaires, car ses principes théoriques et logiques peuvent – selon les Chinois – être remis en cause par des improvisations et des réactions émotionnelles imprévisibles. Le Français passe pour être fier de sa culture et de son héritage historique (ce qui n'est pas sans déplaire aux Indiens et aux Chinois, eux-mêmes fiers de leur civilisation). Il aime à philosopher pour le plaisir, ce qui, encore une fois, convient bien aux Asiatiques ; il paraît être assez peu formel, sauf en matière vestimentaire, ce qui est apprécié par les Asiatiques. Un des points positifs est que le Français semble être attaché au respect de la hiérarchie, tout en sachant fort bien s'adapter au contexte et à la cuisine locale !

En revanche, les Asiatiques détestent le manque de ponctualité du Français, tout comme l'arrogance dont il fait preuve sur des sujets qu'il ne maîtrise pas bien. Une autre forme d'incompétence serait son rebut à travailler plus que ce qu'on lui aurait demandé dans un contrat, cc qui peut être interprété comme un manque de respect.

CONDUITE DE LA NÉGOCIATION

« Quand vous arrivez en Chine ou en Inde pour négocier... Prenez un billet d'avion ouvert... La négociation peut durer longtemps... très longtemps !!! »

Points communs en Inde et en Chine

1) Les objectifs de la négociation

Lors d'une négociation, les objectifs, les comportements et les pratiques ne sont pas les mêmes entre les partenaires occidentaux et asiatiques, malgré la volonté commune de faire des affaires ensemble. Elle n'est pas menée étape par étape comme en Occident, mais elle est globale. Elle doit être recommencée plusieurs fois, et n'est pas officiellement un bras de fer. Voici comment se résume généralement la situation:

	OCCIDENT	**ASIE**
POUVOIR	La source du pouvoir est déterminante.	Le pouvoir n'est pas important, la confiance mutuelle prime.
OBJECTIF	Aller directement et vite au but.	Aller doucement pour comprendre les ambitions du partenaire.
TEMPS	La négociation n'est pas une fin en soi, elle doit donc se terminer dans les plus brefs délais.	La négociation prend du temps, car elle doit atteindre un consensus.
ÉQUIPE	Une équipe petite et formée de jeunes cadres « agressifs ».	De nombreuses personnes expérimentées, afin d'éviter les erreurs.
PROCESS	Faire de la négociation une escalade, et finir en beauté.	Gagner la confiance de l'adversaire.
CONTRAT	La signature du contrat est le but final.	Le contrat marque seulement le début de futures coopérations.
TACTIQUES	Avancer un maximum d'arguments de plus en plus pertinents.	Pousser le partenaire à bout. Conclure à la dernière minute. Raréfier les paroles.

2) *L'esprit de la négociation en France versus en Inde et en Chine*

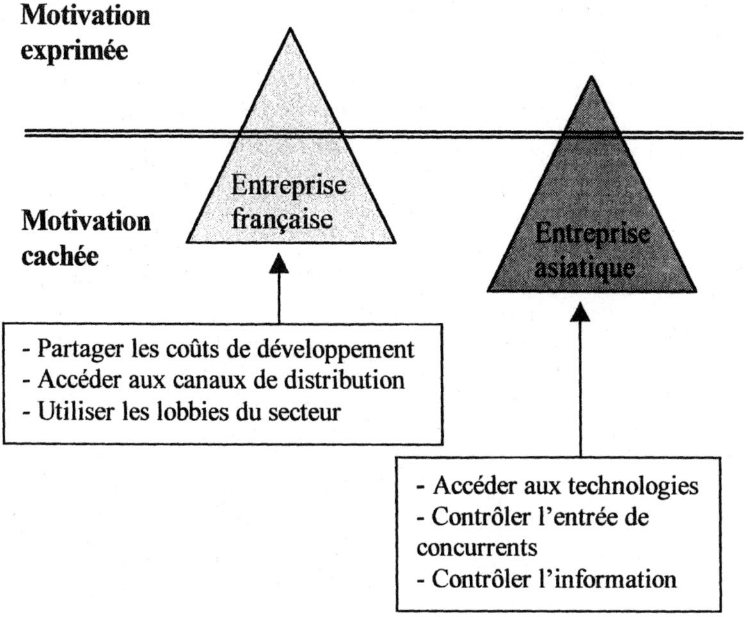

Spécificités propres

1) En Inde

Un des facteurs clés pour réussir sa négociation en Inde est de ne pas se fier aux apparences. Les Indiens sont de manière générale amicaux, et ils aiment impressionner leurs interlocuteurs étrangers. À tous les niveaux, et donc aussi dans le monde des affaires, les Indiens sont marqués par la doctrine de non-violence prêchée par Gandhi, ainsi que par la recherche de l'harmonie dictée par l'hindouisme. Les Indiens vont éviter tout conflit, au risque de frustrer encore plus leurs homologues étrangers, qui ne comprendront pas les raisons d'absences répétées, de rendez-vous manqués, de fausses promesses…

A cela il faut rajouter l'influence anglo-saxonne. L'anglais est la langue officielle dans le milieu des affaires, et les Indiens passent pour de vrais *gentlemen* courtois. Le négociateur français peut alors être déstabilisé par tant de déférence et de flatteries, et pourrait faire passer ce mélange d'influence britannique et hindoue pour un stratagème de négociation.

Par ailleurs, il ne faut surtout pas sous-estimer la législation indienne. L'interlocuteur étranger devra considérer *Mother India* non comme une république bananière (ce qu'elle n'est pas du tout) mais comme un pays très moderne, et une grande démocratie. En effet, pour bon nombre d'Occidentaux, ce pays est apparemment anarchique et désorganisé, pourtant, malgré de nombreux dessous-de-table, la loi existe bel et bien et est généralement appliquée. Sous faute de lourdes sanctions, il est donc nécessaire de mieux comprendre les règles de conduite fondamentales et d'avoir connaissance des lois publiques strictes qui régissent ce système apparemment confus. Il faut également se méfier des dessous-de-table, qui, s'ils devaient être envisagés, répondent pourtant à un certain nombre de règles particulières...

L'investisseur étranger devra également tenir compte de délais très souples (liés à la vétusté des infrastructures, à la paralysie de certains axes routiers à cause d'une grève impromptue, du passage d'un troupeau de vaches récalcitrantes ou d'un cortège de ministres...). Il est d'ailleurs intéressant de constater la grande tolérance des Indiens par rapport à la non-ponctualité à un rendez-vous (tant qu'il est annoncé) tant en pratique les raisons peuvent être nombreuses, et étant donné qu'un retard n'est jamais autre que le reflet d'un acte divin et le fruit de la fatalité que tout bon hindou se doit d'accepter !

2) En Chine

Dans un pays où le système économique est fondé sur les réseaux, les groupes d'intérêt et les clans, il est indispensable d'obtenir l'écoute et la sympathie de l'ensemble des interlocuteurs administratifs, ce qui prend beaucoup de temps. Il s'agit également de compter avec les contraintes soulevées par le sous-équipement et la corruption ; se rendre sur des sites industriels reculés peut devenir une expédition, les communications téléphoniques restent encore parfois difficiles et les contacts avec le siège complexifiés par le décalage horaire et certaines particularités locales. Ainsi, le débranchement et l'enfermement nocturne de l'appareil de télécopie dans un coffre est une pratique encore relativement fréquente...

En termes de corruption, on distingue trois niveaux de pratique : celui du cadeau personnel qui est coutumier en Chine et pratiqué en Inde, celui qui consiste à « acheter » l'interlocuteur par le biais de luxueux présents : des voyages, de l'argent sur un compte bancaire, une voiture…, et enfin celui où des sommes considérables sont employées, ce qui nuit fondamentalement au développement équilibré de l'économie. En Chine, ce dernier niveau est considéré comme un crime et implique des exécutions quotidiennes au rythme des délations. En Chine, la corruption est beaucoup plus répandue dans le sud que dans le nord.

Par ailleurs, dans le cadre de contrats d'envergure nationale, provinciale ou régionale, le négociateur étranger est étroitement surveillé et tous ses faits et gestes rapportés aux interlocuteurs locaux. Tout ce qu'il fera ou dira sera interprété, y compris ce qui selon lui ne véhicule aucun message ni aucune symbolique particulière. Il convient alors pour le négociateur étranger d'adopter cette position d'observation systématique et de « jouer » à ce jeu réciproque vers une meilleure compréhension de ses interlocuteurs.

La négociation est un moment fort et décisif dans le lancement d'un projet. A ce titre, tout négociateur doit construire une stratégie globale et concevoir des tactiques pour la réaliser au mieux.

Quelques points communs en Inde et en Chine

1) Rôle prépondérant de la confiance

La confiance est une valeur cardinale : elle et un pré-requis à une relation d'affaires stable en Inde comme en Chine. Établir une relation de confiance nécessite beaucoup de temps.

Pour les Indiens, les petits gestes comptent énormément pour tisser ce lien. Ainsi, une offrande à l'occasion d'une rencontre ou d'une fête religieuse (qui sont légion en Inde !) est considérée comme un signe de bonne volonté et de respect de votre interlocuteur. Les fêtes de *Diwali* (nouvel an hindou) et de *Dussehra* sont particulièrement propices à de tels témoignages de votre part. Vis-à-vis du négociateur chinois, il est crucial de trouver des occasions extra-professionnelles afin d'établir la confiance, et le banquet constitue à cet égard un moment privilégié pour « resserrer les liens ».

À savoir aussi que la perte de face est une cause fréquente de blocage étant donné son importance quasi obsessionnelle pour le négociateur chinois. Pour le négociateur indien, même si cette facette est apparemment moins marquée, elle reste importante en ce qui concerne le bon déroulement d'une négociation d'affaires. À noter que les Indiens sont particulièrement habiles pour donner l'illusion à leur interlocuteur que tout se passe bien alors qu'ils sont convaincus de l'inverse (c'est le fameux « *No problem Sir* !» indien…).

2) *Une négociation longue et globale*

Le caractère apparemment désordonné de l'approche des négociateurs indiens et chinois tient généralement à une stratégie de négociation « globale », où chaque élément n'est pas indépendant mais vient former un « tout ». Or, cette vision systémique, plutôt qu'une stratégie cartésienne, détermine le sens de la négociation, qui pourra tantôt s'accélérer ou ralentir, et où les fondements apparemment acquis pourront être remis en question au moment de la signature finale d'un contrat… Ainsi, dresser le parallèle avec le jeu de *Go* chinois est riche en enseignements tandis que l'adage indien « sois le serviteur de ton hôte pour t'en rendre maître » traduit bien cette approche faite de contournement et d'évitement de l'affrontement direct afin d'arriver globalement à ses fins.

Il s'agit donc pour le négociateur français de s'armer de patience, puisque le temps semble élastique pour les Indiens, alors que la patience est une valeur cardinale dans la sagesse chinoise. Ainsi en Inde et en Chine, le temps passé à négocier sera perçu comme gage d'une transaction durable et d'un interlocuteur sérieux.

Quelques spécificités propres aux Indiens et aux Chinois

1) *La négociation « à l' indienne »*

Malgré une désinvolture apparente, voire un certain laxisme, les Indiens sont des hommes et des femmes d'affaires ambitieux et volontaires. Le négociateur français peut donc être induit en erreur, pensant que ses collaborateurs sont médiocrement intéressés par ses affaires. À l'inverse, les Indiens manient très bien la flatterie, et avec un accent anglais impeccable, ils tenteront de convaincre le Français en lui faisant entendre ce qu'il souhaite entendre. La négociation « à l'indienne » est également un savant mélange entre une négociation purement commerciale et un rapport affectif souvent déstabilisant pour l'Occidental qui y serait confronté pour la première fois, d'autant plus que sur le sol indien, le négociateur français sera dans un contexte où il ne maîtrise pas le déroulement de la négociation…

2) Les stratagèmes chinois

En Chine, la négociation relève presque de l'affrontement guerrier et les tactiques utilisées par le négociateur chinois pour vaincre son adversaire occidental sont très variées, et découlent généralement d'ouvrages classiques décrivant les stratégies à utiliser en temps de guerre (cf. « *Les 36 stratagèmes* » ou « *L'art de la guerre* » de Sun Tzu). Ainsi, il s'agit d'isoler le négociateur étranger dans un climat et un contexte de négociation qu'il ne connaît pas (« attirer le tigre de la montagne dans la plaine »), d'atteindre son moral afin d'endiguer son volontarisme (« retirer les bûches sous le chaudron ») ou de le mettre en confiance afin de mieux le prendre par surprise (« cacher une épée dans un sourire ») ! Il est donc important de comprendre que la ruse est une des valeurs cardinales de la sagesse chinoise où elle ne possède pas la connotation péjorative que nous lui connaissons en Occident.

CHAPITRE IV

FAIRE DES AFFAIRES EN INDE ET EN CHINE

Greniers d'épices, fabriques de soie, réserves minières, main-d'œuvre abondante et peu coûteuse… Les richesses de l'Inde et de la Chine sont grandes. Dès le début des grandes découvertes, les explorateurs européens ont été séduits par tout ce qu'ils pouvaient trouver de beau et de lucratif. Ainsi, l'Inde et la Chine ont joué un rôle de plaque tournante du commerce entre le monde oriental et occidental depuis des siècles, et ont attiré bon nombre « d'envahisseurs-acheteurs ».

Aujourd'hui, l'attrait commercial de ces deux géants est plus que d'actualité pour les investisseurs étrangers désireux de diversifier leurs marchés. Les consommateurs français l'ont également compris depuis que les supermarchés et magasins de vêtements ont été envahis par d'innombrables produits *made in China* ou *made in India*. Dans ce dernier chapitre, nous tenterons de décrire les mécanismes d'achat, de fabrication et d'exportation en Inde et en Chine tout en mettant l'accent sur les réalités sociales et l'organisation de la force de travail dans ces deux pays.

Pour acheter des matières premières ou des produits manufacturés, il faut intégrer un certain nombre de mécanismes et de problématiques. L'activité est complexe et nécessite une bonne connaissance des marchés locaux ainsi qu'une grande maîtrise du droit international des affaires. L'achat sur les marchés indiens et chinois est bien entendu plus facile pour les grandes entreprises transnationales que pour les PME, dans la mesure où l'incertitude liée aux délais de livraison et de paiement ainsi que les risques relatifs à la qualité sont généralement difficilement gérables pour ces dernières, qui possèdent une assise financière et une implantation sur le terrain plus précaires pour des économies d'échelle souvent moindres.

Les grandes problématiques de l'achat

☞ **Sourcing**

L'activité de sourcing est la première étape du processus d'achat. Elle consiste à rechercher des partenaires locaux, c'est-à-dire des fournisseurs, fabricants, sociétés de conseil, transporteurs… Cette étape ne peut bien se réaliser qu'en étant sur place (en Inde ou en Chine), car l'information, souvent opaque dans ces pays, ne pourra se trouver que là-bas, et bien souvent, suite à d'interminables attentes dans les ministères locaux, et suite à des séries de courses à la bonne adresse !

☞ **Négociation des contrats**

Après avoir trouvé un réseau de partenaires fiables, vient le temps de la signature des contrats entre les parties prenantes. Tous les enjeux liés à la négociation des contrats ont été expliqués et analysés dans le chapitre précédent, sachant que la négociation peut être longue et se compter en années…

☞ **Gestion des budgets**

Un diagnostic des ressources humaines, techniques et financières doit être régulièrement mené du côté français et du côté indien ou chinois, afin de gérer au mieux l'évolution des affaires et les éventuels imprévus, et afin de maximiser les perspectives de revenu.

L'entrepreneur français devra également tenir compte de l'évolution des taux de change afin de maximiser ses chances de profit.

☞ **Suivi de la qualité et des livraisons**

L'entrepreneur français rencontrera énormément de difficultés concernant le respect de la qualité de la marchandise, des quantités commandées et des délais de la part de son partenaire local, tandis que les règles fixées conjointement concernant les conditions de travail des employés indiens ou chinois ne seront pas non plus nécessairement respectées. C'est un point crucial du mécanisme d'achat qui détermine la réussite de l'affaire. Dans la majorité des cas, un collaborateur français devra s'expatrier afin de suivre le cours des affaires et garantir le bon déroulement de l'activité entreprise sur le terrain.

Les produits peuvent également être endommagés suite au transport : les routes en Inde et en Chine sont dans un état souvent douteux et les véhicules des transporteurs sont vétustes. C'est un obstacle majeur à l'achat en Inde et en Chine, qui doit être pris en compte dès le début de la décision d'achat… Il en va de la réussite du projet !

Le processus d'achat

Acheter en Inde ou en Chine n'est pas si évident qu'on pourrait se l'imaginer. Il est en effet complexe d'entrer en relation avec des entreprises indiennes et chinoises dont les activités et les objectifs correspondent exactement aux attentes de l'investisseur français. C'est une phase qui peut prendre beaucoup de temps.

C'est pourquoi il est important de choisir l'endroit où l'on veut acheter : il est plus simple de trouver des sociétés partenaires dans les grandes villes de Shanghai ou de Beijing plutôt que dans des provinces reculées. Il faut aussi décider de faire appel ou non à des compagnies d'import-export pour rechercher un fournisseur, sachant qu'il existe aussi des foires et des salons locaux, des annuaires, Internet…

Dans tous les cas, le processus d'achat reste à peu près le même. Nous en décrivons les grandes lignes ci-dessous :

☞ **Identification des conditions légales**

Qu'il s'agisse de restrictions, d'interdictions ou de barrières nationales, communautaires et internationales. Une connaissance du droit français, indien ou chinois, et international est de rigueur ! C'est une étape qui peut être étudiée depuis la France en collaboration avec des partenaires de confiance possédant une expérience sur place (organismes d'État français, délégations de confédérations du secteur d'activité...), et qui fait partie de tout le processus de préparation.

☞ **Prospection de partenaires indiens ou chinois**

L'entrepreneur français ne pourra se passer de l'aide des organismes français et locaux décrits au chapitre II pour entrer en contact avec les entreprises locales de son secteur d'activité. Il pourra aussi s'appuyer sur divers organismes privés (entreprises françaises de conseil aux PME-PMI qui se développent actuellement dans ces pays), et sur son réseau, qu'il devra impérativement se constituer sur place.

☞ **Négociations avec le fournisseur**

Parler le mandarin et / ou le cantonais est un avantage indéniable, voire un atout nécessaire en Chine. La maîtrise de l'anglais suffit en Inde. Le Chapitre III en décrit toutes les subtilités.

☞ **Préparation de la commande et du bon de commande**

Tenir compte des spécificités locales de travail, et faire preuve de patience sera ici essentiel ! Cependant cela n'empêchera pas de faire pression régulièrement sur le fournisseur pour obtenir une plus grande productivité, et pour parvenir à un suivi sérieux des commandes. Même si cela semble être une évidence, il faudra aussi vérifier que les produits fabriqués en Inde ou en Chine correspondent bien aux normes de qualité et de sécurité française et européenne, tant dans la pratique le cahier des charges imposé peut parfois subir une interprétation locale inattendue...

☞ **Signature du contrat**

Garder en mémoire que la valeur du contrat n'est pas la même en France qu'en Asie. Le contrat est un gage légal d'engagement pour les Français, alors qu'il ne représente qu'une petite formalité sans grande importance en Asie. En cas de litiges, il ne fera pas forcément autorité côté asiatique (même si sous la pression de l'OMC la situation évolue dans le bon sens aujourd'hui), contrairement à la « parole », c'est-à-dire à l'engagement oral des deux parties.

Il faudra enfin veiller à la validité des documents douaniers afin de pouvoir acheter les marchandises dans les meilleures conditions légales et réglementaires, et parfois même malheureusement envisager de donner un petit « coup de pousse » au passage en douane, afin de ne pas subir de tracasseries supplémentaires de la part de douaniers locaux « peu scrupuleux »...

☞ **Logistique**

La fabrication des produits nécessitera une surveillance régulière afin d'optimiser le processus d'achat. Un contrôle de la qualité des produits fabriqués, du packaging, du mode et des conditions de transport devra être mené et faire partie d'un reporting adressé à la société / entrepreneur français. Le transport des marchandises vers la France est la dernière étape du processus d'achat, une étape cruciale dont la réussite déterminera le succès de l'entreprise.

Malgré les nombreux avantages des marchés indiens et chinois en terme de coûts (matières premières, main-d'œuvre…) et d'accessibilité (surtout depuis l'adhésion à l'OMC et l'abolition de certains quotas à l'exportation), le processus d'achat de matières premières ou de produits manufacturés n'est donc pas simple, et revêt beaucoup d'enjeux, tant au niveau de la fiabilité du réseau de partenaires, que du contrôle de la qualité, en passant par les tracas administratifs et douaniers ou les soucis de production.

Les pratiques managériales indiennes et chinoises diffèrent largement de celles répandues en France. Une des particularités les plus connues est l'absence de plans d'action stratégiques ou de planification précise des activités. Il est donc nécessaire de connaître au mieux la gestion des entreprises locales afin de situer la nature des difficultés auxquelles il faudra faire face.

Les problématiques relatives aux différences de management, à la gestion du personnel local, et au management des opérations industrielles dans le but de proposer une offre de qualité seront traitées dans cette partie.

Comprendre les pratiques managériales locales

Les managements indien et chinois présentent quelques caractéristiques locales qui peuvent s'opposer aux méthodes de travail occidentales. Une des clés de la réussite d'un partenariat est la compréhension des particularités propres aux entreprises indiennes et chinoises.

☞ **Prendre en compte le poids de la hiérarchie**

En Inde, une nuance est à faire entre les petites et moyennes entreprises qui fonctionnent de manière traditionnelle, et les grosses entreprises occidentalisées. L'importance de la hiérarchie se vérifie pourtant dans les deux cas car le système des castes transparaît encore souvent dans le milieu des affaires. Ainsi, les dirigeants industriels indiens sont généralement d'une caste élevée, et gagnent automatiquement l'obéissance de leurs collègues. Cependant, dans les grosses entreprises indiennes, l'information circule relativement bien en interne, les Indiens ayant adopté le mode de travail britannique en équipe et de groupes de projet. Il va de soi que la petit entreprise indienne a un fonctionnement plus traditionnel, tout comme la PME française face à une multinationale.

En Chine, les entreprises sont bien loin du mode de management occidental. En effet, le pouvoir est détenu par une seule personne ou par un groupe très restreint « d'anciens ». L'information verticale n'existe pas, l'autoritarisme est une des valeurs principales dans le monde du travail, et le dirigeant contrôle les finances et décide de tout. C'est pourquoi, dans le cadre d'une négociation ou d'un partenariat industriel, il est impératif de deviner qui est la personne clé de l'entreprise chinoise, afin de gagner du temps et de ne pas commettre d'impair. Ainsi, le petit homme discret à la casquette caché derrière un négociateur habile et dynamique peut être le véritable preneur de décisions, même s'il n'intervient pas verbalement lors des négociations.

☞ **Comprendre l'enjeu des relations avec l'administration**

Toute grosse entreprise indienne ou chinoise se doit d'entretenir les meilleures relations possibles avec l'administration. En effet, dans chacun des deux pays, l'État ne manque pas d'intervenir lorsqu'il s'agit d'une grosse opération, du fait de l'importance stratégique des IDE en matière de développement économique. Une des différences majeures entre un dirigeant indien ou chinois et son homologue français est donc cette dimension : les Indiens et les Chinois doivent consacrer une partie importante de leur temps avec leurs administrations locales afin de bénéficier de leur soutien, alors que les Français sont plus tournés vers le marché et préoccupés principalement par la performance commerciale.

☞ **Cerner les attentes de l'entreprise locale envers le partenariat**

L'investisseur français devra non seulement gérer des systèmes de valeurs différents, mais aussi accepter que ses homologues indiens et chinois ne soient pas totalement dévoués au partenariat établi. Si les Indiens sont a priori plus familiers aux modes de travail des Occidentaux, et que les Chinois éprouvent plus de difficultés à intégrer nos valeurs de travail, les attentes et les objectifs des partenaires sont généralement de nature différente de celles de l'investisseur français, et peuvent engendrer des conflits intrinsèques. Il s'avère donc capital de cerner les attentes de chacun afin de ne pas aboutir à des impasses et des situations d'échec.

☞ **Repenser la structure de la coentreprise**

Une des grosses difficultés est de communiquer clairement la stratégie globale et la culture de l'entreprise française. Les concepts occidentaux de gestion sont souvent nouveaux et difficiles à comprendre pour les Indiens et les Chinois d'autant plus que la barrière linguistique accentue le problème. Ainsi, l'apparent manque de rigueur et d'organisation dont font preuve les managers indiens ou le manque d'intérêt des managers chinois pour la rentabilité sont à intégrer dans la politique de la future coentreprise afin d'anticiper les sources de conflits et de pression... En contrepartie, les partenaires indiens ou chinois doivent eux aussi intégrer et respecter le mode de travail français.

Il est donc pertinent de penser à une nouvelle structure, qui serait en quelque sorte un mélange entre une structure française et une structure locale, et qui prendrait en compte les revendications des uns et des autres, afin de tracer une ligne directrice claire et précise de ses activités.

Permettre à son partenaire d'intégrer les valeurs, la culture et les objectifs de l'entreprise française est un processus lent, subtile et parfois fastidieux. Le but est d'amener un changement des pratiques managériales locales tout en les prenant en compte. Un des outils du changement est la création d'une nouvelle organisation locale en remodelant petit à petit les systèmes de gestion et les canaux hiérarchiques locaux, et en découvrant les relations informelles, dans le but de contrôler le volume, le contenu et la direction de l'information. En effet, plus la complexité d'un partenariat et la part d'incertitude sont fortes, plus il est crucial de maîtriser l'information interne. Parvenir à un partenariat durable c'est donc mettre en place une organisation souple et flexible, qui respecte les intérêts, les valeurs, et les habitudes de travail de chaque partie engagée dans l'aventure.

La gestion du personnel

S'implanter en Inde ou en Chine n'est pas qu'une affaire de profits. D'autres dimensions, différentes des perspectives de revenus liées à l'internationalisation de l'entreprise entrent irrémédiablement en jeu... Une de celles-ci, et non la moindre en terme de temps et de coûts, est la gestion du personnel dans la filiale française ou chez le partenaire commercial indien ou chinois.

1) Comment disposer d'une main-d'œuvre qualifiée ?

Un des principaux problèmes que l'investisseur français rencontrera est l'embauche de personnel qualifié. Où trouver la main-d'œuvre ? Est-elle mobile ? Les qualifications et diplômes locaux ont-ils leurs équivalents en France ?

Une évidence est d'abord à signaler : la main-d'œuvre qualifiée se trouve dans les grandes agglomérations, qui sont elles-mêmes plus ou moins spécialisées (ingénieurs en NTIC à Bangalore, commerciaux à Mumbai et à Hong Kong, hommes de lettre à Kolkotta ou à Beijing...). Pourtant, un des points faibles de l'Inde et de la Chine est le faible niveau de qualification général de la main-d'œuvre, malgré l'existence de nombreux jeunes ingénieurs, mais qui préfèrent exercer leur profession aux États-Unis ou en Europe.

L'investisseur français peut s'appuyer sur l'aide de l'Ambassade de France, et des écoles françaises présentes dans de nombreuses villes en Inde et en Chine, afin de recruter des collaborateurs parlant le français ou de trouver des personnes disposant d'un haut niveau d'études. Il aura également à disposition des salons de recrutement, des colloques dans des grandes universités du pays, des expositions internationales... En fait, pour jauger le niveau d'une université locale, le mieux est encore de se renseigner sur les partenariats qu'elle entretient avec des établissements similaires en Europe ou aux États-Unis ; plus ceux-ci seront nombreux avec des établissements de premier ordre, et plus le niveau d'éducation de ses étudiants aura des chances d'être élevé.

2) *S'adapter à la culture locale et imposer les valeurs de son entreprise*

L'entreprise française devra, au sein de sa filiale ou de l'entreprise locale partenaire, former la main-d'œuvre à ses techniques de production et à ses méthodes de travail. Il s'agira en quelque sorte de jongler entre les habitudes de travail locales, et les méthodes de travail françaises. Cela nécessite d'amener un changement dans les attitudes globales des travailleurs locaux tout en restant à l'écoute de leurs principales préoccupations, afin de ne pas aboutir à un fossé culturel.

C'est une étape indispensable et un gage de bons résultats en matière de productivité et de qualité. Plus généralement, former les salariés de l'usine de production locale permettra un bon management des opérations industrielles et commerciales.

Ainsi, la formation du personnel local peut s'organiser principalement de deux façons :

☞ **La formation interne** : les dirigeants locaux de la filiale française prennent en charge la formation de l'ensemble du personnel de l'entreprise. Pour cela, ils devront séjourner quelques temps en France, afin de découvrir et de s'imprégner de la culture de la maison-mère française, de ses objectifs et de ses valeurs. Une fois revenus en Inde ou en Chine, ils devront véhiculer à leurs collaborateurs locaux l'image de l'entreprise française et seront les interlocuteurs privilégiés des homologues français.

☞ **La formation assurée par des expatriés** : l'entreprise française décide dans ce cas d'envoyer des représentants du personnel ou des directeurs de production en Inde ou en Chine afin de former les collaborateurs locaux. Il faut alors veiller à envoyer de fins connaisseurs des cultures et des modes de travail locaux, pour que la formation se passe au mieux, c'est-à-dire que chacune des deux parties comprennent les objectifs et les motivations de l'autre.

3) Trouver les sources de motivation

Enfin, un dernier volet de la gestion du personnel à l'étranger est celui de la motivation. Les motivations qui animent les salariés indiens ou chinois diffèrent de celles des français.

L'individualisme, le carriérisme, et la reconnaissance personnelle sont beaucoup moins forts qu'en Occident, même s'ils existent (en particulier dans des villes telles que Shanghai ou Mumbai). A l'inverse, le respect de la hiérarchie et du groupe étant des valeurs importantes, l'organisation de l'espace de travail en *open space* ou la motivation par objectifs individuels sont peu efficaces.

Les salariés indiens et chinois accordent certes de l'importance à leur rémunération, mais celle-ci sera forcément plus élevée que s'ils travaillaient pour une entreprise nationale. Ce qui les motive donc plus, c'est la possibilité d'accéder à une formation, à la maîtrise d'une technologie ou d'un savoir-faire.

La fierté d'appartenance à une entreprise occidentale, avec tout ce qu'elle symbolise et représente pour eux, est très importante et doit être également prise en compte dans la politique de motivation du personnel.

Manager ses opérations industrielles en Inde et en Chine

Le système de production d'une entreprise indienne ou chinoise ne ressemble en rien au processus de production d'une entreprise française. Si les entreprises indiennes et chinoises ne disposent pas toujours d'outils et de machines neuves et productives et ne maîtrisent pas vraiment leurs stocks et leurs approvisionnements, elles savent cependant faire figure de bon élève devant leurs partenaires étrangers, parfois même à leurs dépens…

Nous tenterons ici de décrire les principales caractéristiques des sites productifs en Inde et en Chine.

☞ **Equipement des sites de production**

Les entreprises indiennes privées souffrent de manière générale de sous-équipement. Un manque de moyens financiers ainsi qu'une main-d'œuvre abondante et très bon marché motivent peu les entreprises indiennes à investir. Elles attendront donc d'un partenariat avec une entreprise occidentale un apport de lignes de production neuves, car à l'heure actuelle, beaucoup sont encore peu productives et fonctionnent plutôt de manière extensive.

La situation en Chine est différente, dans la mesure où les entreprises chinoises ont tendance à être sur-équipées. Deux causes principales peuvent être retenues pour expliquer ce phénomène ; la première est historique : sous l'ère communiste les entreprises (toutes publiques) avaient intérêt à dépenser le budget qui leur était alloué sous peine de le perdre, ainsi l'habitude d'investir parfois à tord et à travers dans du matériel est encore ancrée dans les esprits ; la seconde est pragmatique : les Chinois savent pertinemment que les IDE leurs sont indispensables, certaines entreprises vont alors consacrer de gros moyens financiers à l'achat de matériel pour attirer les éventuels partenaires et pour gagner leur confiance. Une conséquence fatale à cette tendance au sur-équipement est souvent une faible rentabilité de l'investissement.

☞ **État du parc de machines**

En Inde et en Chine, il est courant de voir des machines neuves côtoyer de vieilles machines aux technologies obsolètes. Il est en effet dans les mœurs de conserver le matériel usé, de le réparer sans cesse, de le transformer, bref, de l'utiliser au maximum et de repousser sa durée de vie. Une des différences majeures avec la gestion occidentale des entreprises est donc l'absence de politique de maintenance dans ces pays. On répare quand c'est cassé, mais on ne dégage pas les moyens nécessaires pour anticiper la défaillance d'un parc de machines. Il en découle un grave problème de sécurité, car la main-d'œuvre peut travailler sur des machines devenues dangereuses sans être vraiment sensibilisée aux risques d'accidents de travail. Ajoutons également que le personnel n'est pas toujours bien formé à l'utilisation de nouvelles machines, ce qui engendre un manque à gagner niveau productivité. Cette situation se vérifie surtout en Chine où l'intégration d'équipements nouveaux dans le processus de production global n'est pas toujours pensée.

☞ **Gestion des stocks et des approvisionnements**

La gestion des stocks, le respect des délais, les conditions d'approvisionnement des matières premières et des produits finis sont des questions souvent épineuses entre les partenaires indiens, chinois et français. En Inde et en Chine, ces problématiques ne sont considérées que très sommairement alors qu'elles paraissent cruciales à l'investisseur français. C'est que dans ces deux pays, la disponibilité des matières premières fluctue, les conditions et le temps de transport sont imprévisibles, les difficultés de dédouanement se vérifient tous les jours. C'est à l'investisseur français de comprendre cela et de gérer au mieux ses stocks et ses livraisons. C'est pourtant un facteur majeur d'échec d'une coopération entre une entreprise française et une entreprise indienne ou chinoise, dans la mesure où le respect des délais reste fondamental dans le monde occidental des affaires.

Proposer une offre de qualité

Dans notre imaginaire, la qualité des produits indiens et chinois est délaissée au profit d'un prix bon marché. Pourtant, il serait faux d'affirmer que l'Inde et la Chine ne sont pas capables de produire des produits de qualité et à forte valeur ajoutée.

Une de leur renommée est d'ailleurs la qualité des produits traditionnels et artisanaux, que bon nombre d'étrangers ont su exploiter en revendant dans leurs pays ; soie, porcelaine, bijoux et autres pièces d'artisanat local... Mais ces deux géants asiatiques savent aujourd'hui maîtriser de plus en plus la technologie.

Ainsi, l'Inde a enregistré des progrès considérables en termes de bases technologiques et de gammes de production. Dotée d'une puissante main-d'œuvre scientifique et technique, le pays offre, notamment dans le domaine des biotechnologies, une technologie de niveau mondial, une production rentable, et des coûts de R&D compétitifs, ce qui permet d'attirer les entreprises multinationales. C'est ainsi que les échanges commerciaux franco-indiens dans les secteurs chimique, pétrochimique et pharmaceutique se sont considérablement développés (en 2000, les exportations indiennes vers la France dans ces domaines se sont élevées à 9,5 millions d'euros).

Côté chinois, le temps où la Chine exportait des jouets ou du textile est révolu... Le pays s'est transformé en usine géante et commercialise des ordinateurs, des téléphones portables, des appareils-photos et tout un tas d'appareils électroniques qui concurrencent leurs équivalents nippons, américains et européens. *Zhong Guo Hen Da,* « la Chine est grande », et les dirigeants chinois ont bien su marquer les esprits par un véritable exploit technologique, envoyant le 15 octobre 2003 leur premier « taikonaute » dans l'espace.

Malgré ces immenses avancées technologiques, l'Inde et la Chine présentent un déficit qualitatif concernant les produits industriels et les services. Les progrès évidents de la Chine et de l'Inde en matière de haute technologie ne doivent ni leurrer, ni bluffer l'investisseur français. En effet la majorité de la main-d'œuvre n'est ni éduquée, ni qualifiée, ni formée aux méthodes de travail et de production occidentales. Ensuite, l'acquisition de matières premières est souvent problématique (problème d'approvisionnement, opacité du marché, corruption...), les processus de production présentent des failles notoires qu'il est difficile de maîtriser et de changer, les modalités de transport et de conditionnement détériorent souvent la marchandise, et enfin, la législation et les normes en matière de qualité ne sont pas respectées quand seulement elles existent. Sachant cela, l'investisseur français devra imposer ses règles de production et de qualité tant bien que mal, informer ses collaborateurs indiens et chinois de sa politique, et surveiller régulièrement l'avancée du processus de production, afin de se prémunir de toute défaillance de qualité.

Dans cette partie, nous traiterons peu de l'aspect technique et des normes en vigueur dans les deux pays, mais nous nous intéresserons plus aux pratiques sur le terrain dès lors qu'il s'agit d'exporter et / ou de vendre en Inde et en Chine.

Dans un premier temps, nous adopterons la perspective de l'exportateur, et nous tenterons de mettre en exergue les problématiques liées à l'accès aux marchés indiens et chinois et à la recherche d'un intermédiaire local efficace. Par la suite, notre approche sera plus globale, elle concernera au même chef l'activité de la coentreprise que l'exportation « pure », et permettra à l'investisseur français d'appréhender les enjeux liés à l'adaptation, à la maîtrise et à la présentation de son offre dans les deux pays.

Accéder aux marchés indiens et chinois

1) Des barrières tarifaires en voie de disparition

Avec l'adhésion passée de l'Inde et de la Chine à l'OMC, les tarifs douaniers autrefois prohibitifs ont tendance à baisser, et ne sont plus aujourd'hui insurmontables à l'accession des produits étrangers aux marchés indiens et chinois. Cette tendance traduit la volonté des deux géants de s'insérer rapidement dans les échanges commerciaux mondiaux, même si certains produits et secteurs économiques stratégiques sont encore très protégés à l'heure actuelle.

En Inde, les droits de douane applicables à la majorité des produits varient entre 33% et 60%, certains produits faisant l'objet d'une surtaxe (le *Special Added Duty*) ; en particulier l'alcool, la bijouterie sertie de pierres précieuses, et certains biens de consommation (cf. Exim Policy 2002-2007).

Son engagement dans l'OMC oblige la Chine à abaisser considérablement ses droits de douane d'ici 2005. A l'heure actuelle, ceux-ci s'élèvent en moyenne à 12% dans le pays tandis que la TVA est de 17%. Par ailleurs, certains produits font l'objet d'une taxe additionnelle payable lors de l'importation ; dont le tabac, l'alcool, l'essence, la parfumerie / cosmétique, la bijouterie ou les véhicules personnels.

2) Des barrières non tarifaires encore problématiques

Alors qu'en Inde la plupart des produits sont importables librement depuis 1991, les importations chinoises sont toujours conditionnées par l'obtention d'une licence. Aujourd'hui seules 35 000 entreprises chinoises en possèdent une, mais le droit d'importer et d'exporter librement devrait être accordé à toutes les entreprises d'ici 2005. En attendant, des sociétés d'import-export locales proposent leurs services aux entreprises ne disposant pas de licence.

Pourtant, si le discours officiel des dirigeants indiens et chinois va dans le sens d'une plus grande ouverture de leurs marchés aux entreprises étrangères, dans les faits, ils semblent « cacher une épée dans un sourire », tant les barrières à l'entrée demeurent problématiques...

☞ Les tracasseries douanières

Certaines pratiques nuisent encore aux échanges avec l'Inde et la Chine. Ainsi, les problèmes douaniers – immobilisation injustifiée de biens périssables en douane, zèle immodéré d'un douanier qui souhaitera contrôler chaque carton d'une cargaison à l'entrée d'un port... – sont encore légions et le bakchich est une coutume très répandue, un bon pourboire rendant souvent le douanier « plus coopératif »...

☞ Le *Red Tape* et les normes applicables

L'Inde pratique le *Red Tape* – l'art de la paperasserie – comme aucun autre pays tandis que les normes en vigueur en Chine sont parfois incompréhensibles... Dans bien des cas en effet, les textes chinois en vigueur définissant les normes applicables aux produits importés dans le pays nécessiteront une maîtrise parfaite des sinogrammes et une certaine perspicacité. En Inde, les textes pourront subir des interprétations différentes selon les États, mais ils restent extrêmement nombreux et les démarches administratives à effectuer en cas de problème s'apparentent généralement à de la torture tant les fonctionnaires indiens semblent peu désireux de résoudre les problèmes, préférant plutôt les transmettre à leurs voisins ou pire, à leur inférieur hiérarchique ! Dans les deux cas, il peut être intéressant de connaître quelques membres influents de l'administration locale afin d'aplanir les difficultés rencontrées.

☞ **La barrière monétaire**

En Chine, la sous-évaluation du Yuan de 20% à 30% est une arme redoutable contre les importations provenant d'Occident, puisqu'elle rend les produits importés peu compétitifs par rapport à la production locale. Ainsi, la Chine subit une pression importante de la part des membres du G7, qui cherchent à obtenir une réévaluation du Yuan, ce qui leur donnerait un peu d'air. Pourtant, l'exportation « pure » est plutôt rare dans le pays, tant celui-ci propose aux entreprises occidentales un avantage comparatif important en termes de coûts de production. En effet, le taux actuel du Yuan est également un avantage concurrentiel pour bon nombre de multinationales occidentales aujourd'hui, et il favorise la création de coentreprises dans le pays.

Trouver un intermédiaire local

1) Le rôle de l'agent

Dans le cas d'une exportation, l'investisseur français sera probablement représenté par un agent local dans le pays. Outre une présence physique d'un représentant de l'entreprise française en Inde ou en Chine, qui défendra ses intérêts propres, cette représentation aura également pour but de recentrer son offre selon les spécificités locales du marché convoité, d'exploiter au mieux les modes de distribution et de promotion disponibles ainsi que de posséder une meilleure compréhension de l'environnement d'affaires sur le terrain, car le monde des affaires et les mentalités de Shanghai / Delhi diffèrent du monde des affaires et des mentalités de Beijing / Mumbai...

L'agent en question aura par ailleurs pour principale mission « extra-commerciale » de mettre en place des actions de lobbying auprès d'acteurs influents de l'économie locale, hauts fonctionnaires, éventuels partenaires d'affaires, responsables de réseaux de distribution… Sa présence permettra de tisser des relations de confiance avec des partenaires locaux, chose essentielle en Inde et en Chine, où comme nous l'avons vu précédemment, l'accord verbal prend une place plus importante qu'une signature sur un contrat.

En Inde comme en Chine, un local aura même parfois des possibilités accrues en affaires. On peut par exemple penser à l'homme d'affaires de Delhi Francis Warcziag, un Français naturalisé Indien, qui a bénéficié de certains avantages en terme d'investissement par le biais de sa naturalisation, et a ainsi pu développer ses activités dans le pays.

2) Les limites d'une représentation par un agent local

En Inde, un certain nombre d'entreprises européennes choisissent de travailler avec des agents en import-export qui ont pignon sur rue à Delhi ou à Mumbai. En Chine, des entreprises possédant une licence d'importation pourront également faire l'affaire. L'avantage d'employer ces agents est évident, mais il existe pourtant un certain nombre d'écueils à éviter :

☞ Ils sont difficiles à sélectionner tant les interlocuteurs habiles pullulent dès qu'il s'agit de faire des affaires avec une entreprise européenne. L'absence de contrôle de gestion « à l'occidental » ne permet pas d'y voir beaucoup plus clair en ce qui concerne le sérieux d'éventuels candidats…

☞ Leurs actions sont parfois dissolues dès lors qu'ils représentent trop d'entreprises / produits différents, et ils peuvent alors devenir d'une efficacité limitée.

☞ L'investisseur français aura du mal à savoir ce qu'il se passe vraiment sur le terrain, les différences en termes de sensibilité et de communication aidant… Ce qui peut parfois provoquer des tensions inutiles entre les deux parties.

☞ Leurs modes opératoires ne correspondront pas nécessairement aux exigences éthiques de l'investisseur français.

Ainsi, le recours à un agent de confiance envoyé « en mission » sur le ou les marchés convoité(s) pourra également faire l'affaire, afin d'établir un bureau de représentation. Néanmoins, la formule qui semble requérir le plus de suffrages aujourd'hui, en Inde comme en Chine, demeure la création d'une coentreprise. Celle-ci nécessite en effet un plus grand investissement de la part du partenaire local dans le partenariat et permet de profiter de coûts de production avantageux ainsi que de nombreuses incitations fiscales.

Adapter son offre au marché local

En Inde comme en Chine, les classes moyennes supérieures sont avides de consommation et attendent qu'on leur propose de nouveaux produits, la création de nouveaux besoins auparavant inexistants peut donc servir les intérêts de l'investisseur français à l'heure actuelle. Néanmoins, cela ne signifie pas que n'importe quelle nouveauté peut se vendre dans l'un ou l'autre pays, car si les tendances de consommation sont souvent dictées par la mode, les mutations sociétales brutales engendrées par l'immersion rapide de l'Inde et de la Chine dans l'économie mondiale provoquent parfois des comportements de consommation erratiques difficilement prévisibles. Par ailleurs, les facteurs religieux et ethniques ne doivent pas être sous-estimés dans ces deux pays, dès lors qu'on s'attaque à des marchés naissants.

1) Redéfinir son offre sur les marchés indiens et chinois

Les spécificités socio-économiques indiennes et chinoises étant souvent très différentes des nôtres, dans une grande majorité des cas il s'agira donc pour l'investisseur français de modifier son offre afin qu'elle puisse s'imposer sur les marchés indiens et chinois. A l'évidence, repenser son offre, ce n'est pas uniquement repenser son produit, mais plutôt l'ensemble de son mix marketing dans l'optique d'une redéfinition du « concept » proposé en adéquation aux attentes des consommateurs indiens et chinois.

Les diverses composantes de l'offre que sont le positionnement d'un produit (prix, packaging), les modes de distribution (emplacement, caractéristiques des points de vente) et les canaux promotionnels employés (choix du support, messages adaptés) sont autant de leviers essentiels à la réussite ou à l'échec de sa commercialisation en Inde et en Chine. L'investisseur français se doit donc de prendre toutes ces composantes en compte afin de proposer une offre globale en adéquation avec les marchés indiens et chinois, lui permettant dès lors d'optimiser ses chances de succès sur ceux-ci.

2) Adapter son offre au marché

Adapter une offre déjà existante en Occident aux marchés indien et chinois n'est pas toujours évident, même pour les entreprises les plus renommées et les plus expérimentées. Ainsi, Danone fait les frais depuis de nombreuses années de spécificités locales chinoises inattendues, dans un pays où l'entreprise réalise pourtant 10% de son chiffre d'affaires. En effet, Danone tente depuis des années de promouvoir le lait et ses produits dérivés en Chine, alors que la population locale ne possède pas naturellement les enzymes permettant de digérer le lait ! Ainsi, depuis son implantation dans le pays en 1995, Danone investit lourdement afin de développer des produits laitiers spécifiques pour la Chine, malgré des résultats limités encore aujourd'hui.

Cette stratégie demeure néanmoins la plus pratiquée aujourd'hui par les entreprises occidentales implantées en Inde et en Chine, et bon nombre d'entre elles parviennent à populariser des concepts purement occidentaux dans ces pays. Par exemple, la réussite actuelle de Carrefour en Chine (qui y a implanté 41 grandes surfaces) est emblématique d'une occidentalisation de la distribution dans ce pays, où les concepts de super et hypermarchés n'existent que depuis une petite décennie. Ainsi, le géant français a su efficacement adapter un modèle de distribution bien de chez nous aux modes de consommation chinois.

3) Créer de nouveaux marchés

A l'inverse, certaines entreprises occidentales ont compris que la création de nouveaux marchés répondant de manière spécifique aux attentes des nouvelles classes de consommateurs indiennes et chinoises était nécessaire. Par exemple, la marque de parfums Élysée Paris a été élaborée par une entreprise française désireuse de fournir aux classes moyennes indiennes des parfums en adéquation à leurs attentes : luxe apparent à bas prix. Ainsi, la création de parfums bon marché imitant les fragrances et les flacons des marques de luxe les plus connues – malgré une qualité intrinsèque bien moindre des matériaux et produits utilisés pour constituer les parfums ou leur packaging – semble être en adéquation avec les attentes des classes moyennes de Delhi, où la marque se développe aujourd'hui à grande allure. Le fait que cette marque soit française lui confère également un côté « exclusif » qui séduit à l'évidence bon nombre de consommateurs indiens. La création d'un produit spécifique à l'Inde, avec un positionnement en total décalage avec ce qui est généralement pratiqué par les firmes occidentales du secteur de la parfumerie dans ce pays, s'est donc avérée judicieuse dans la mesure où Élysée Paris a su comprendre précisément les attentes des consommateurs urbains en Inde.

Maîtriser les flux liés à l'investissement

En Inde comme en Chine, il est bien entendu recommandé de se faire payer intégralement avant de se défaire de la marchandise, avec, si possible, le versement d'acomptes avant la mise en fabrication. Les conditions de paiement sont assez classiques, mais une particularité de la Chine dans le cas d'un contrat commercial, est la désignation d'une société tierce qui prendra le paiement exclusivement en charge, en raison de la complexité de la loi applicable aux transactions internationales. Il est en effet important de souligner qu'en ce qui concerne le système de ventes, les achats fermes étaient plutôt rares dans le passé, puisque le distributeur avait le droit de ne payer ses fournisseurs qu'une fois la vente réalisée. Ainsi, même si cette situation est en train de disparaître sous la pression des entreprises internationales implantées en Chine, ce schéma est encore largement répandu. Dès lors, l'investisseur français devra trouver un intermédiaire local solide capable d'acheter ferme ses produits pour les revendre ensuite dans ses propres points de vente, l'autre alternative étant de déposer la marchandise en consignation dans les magasins.

Récapitulatif des conditions de paiement et de transport en Inde et en Chine

	INDE	**CHINE**
	Conditions de paiement	
Modes de paiement	- Lettre de crédit émise par une banque indienne de premier ordre - Virement SWIFT - Chèques peu utilisés	- Lettre de crédit irrévocable - Virement bancaire - Lettre de crédit ouverte par une banque chinoise si importation directe ou par une banque internationale si importation indirecte - Virement SWIFT
Monnaie	Roupie convertible	Yuan indexé au dollar
Délai de paiement	Entre 60 et 90 jours	90 jours pour une lettre de crédit irrévocable
Acomptes	10 à 20% du montant Fob	10 à 20% du montant Fob
	Logistique	
Délai commande /arrivée à destination	90 jours en moyenne dans le secteur textile	120 jours en moyenne
Mode de transport	Bateau : 50% Avion : 50%	Bateau ou avion selon les produits

Connaître les circuits de distribution

Dans les deux pays, la distribution est traditionnellement caractérisée par des réseaux fortement atomisés (ainsi il existerait 12 millions de points de vente en Inde aujourd'hui !). Les opérateurs et les distributeurs, souvent de taille régionale, sont nombreux et relativement faibles, tandis que les points de vente sont généralement peu rentables.

Face à cet état de fait, la tendance actuelle va à la rationalisation des réseaux, favorisée d'une part par l'éclosion de nouvelles classes de consommateurs « occidentalisés », et d'autre part par la création de champions nationaux de la distribution (telles que Shopper's Stop en Inde ou Lianhua en Chine) et par l'entrée de grandes enseignes internationales sur les marchés indiens et chinois.

1) Une ouverture progressive aux IDE dans la distribution

A l'heure actuelle, les secteurs indien et chinois de la distribution de détail sont toujours relativement imperméables aux IDE. En effet, les restrictions et les contraintes (géographiques, obligations de partenariats, prises de participation limitées...) sont encore nombreuses. En Chine, l'autorisation des autorités centrales est encore largement requise afin de valider chaque projet...

Cependant, selon les engagements des deux pays à l'OMC, les secteurs liés à la distribution, au transport de marchandises, aux services de courrier et aux services de publicité devraient progressivement être libéralisés d'ici 2005. La coentreprise restera la formule favorisée en Inde comme en Chine, afin de maintenir un certain contrôle sur des activités économiques considérées comme stratégiques.

En Chine, la vente de détail devrait voir une libéralisation plus complexe à mettre en œuvre que la vente en gros, puisque certains produits et services demeureront soumis à des contraintes spécifiques, en particulier la distribution de journaux, de produits pharmaceutiques et de produits pétrochimiques.

Outre ces restrictions, des infrastructures médiocres et des secteurs immobiliers largement spéculatifs ont, dans le passé, également dissuadé bon nombre d'investisseurs étrangers de s'implanter en Inde et en Chine. Néanmoins, la situation s'améliore rapidement en Chine (avec les J.O. de Beijing en ligne de mire pour le Parti), et en particulier dans les régions côtières de l'est, tandis que les progrès sur les grands axes urbains indiens, bien que plus modérés, restent tangibles.

2) *Les différents formats de distribution présents en Inde et en Chine*

Aujourd'hui, dans le domaine des biens de consommation, des biens d'équipement ou des biens alimentaires, on retrouve dans les deux pays la plupart des formes de vente présentes en Occident : grands magasins, galeries marchandes, chaînes régionales ou nationales... Depuis déjà une décennie, on constate également un accroissement général des surfaces de vente. Pourtant, la situation est plutôt contrastée entre la Chine, qui a vu la création de nombreux super / hypermarchés sous l'impulsion d'entreprises telles que Carrefour ou Auchan, et l'Inde où les « formats moyens » semblent plus en phase avec l'organisation urbaine dans les principales villes du pays. On peut ainsi constater l'explosion récente du nombre de *department stores*, de *lifestyle stores* et de *showrooms* de grande envergure à Delhi, Mumbai, Kolkotta ou Bangalore ; de nombreuses chaînes nationales se développent ainsi, telles que Shopper's Stop, Westside, Ebony...

En fait, si l'Inde possède aujourd'hui de nombreuses galeries marchandes comparables à ce qu'on peut trouver en Europe, le concept de supermarché y est pourtant quasiment inconnu. Celui-ci semble encore peu adapté à des consommateurs pour qui la proximité du lieu d'habitation et la pratique de prix plus bas que ceux de leurs magasins de quartier (les *Kirana Stores*) semblent être les uniques raisons de les abandonner. De plus, en raison des difficultés de conservation des aliments, beaucoup de consommateurs indiens ont l'habitude de faire leurs courses quotidiennement ou de les faire effectuer par du personnel de maison (en particulier dans les grandes villes du pays). Ainsi, la grande majorité des points de vente demeurent de petite taille et font encore partie du circuit désorganisé, un circuit court à faibles marges. Rarement en conformité avec la loi, ils ne déclarent pas toujours leurs revenus réels et ne paient ni l'électricité consommée, ni leurs taxes et impôts, et l'origine de leurs produits est parfois douteuse… Pourtant, ils réaliseraient aujourd'hui encore près de 85% des ventes dans le pays !

En ce qui concerne la Chine, la multiplication des super / hypermarchés – nationaux et étrangers – est en train de bouleverser profondément les schémas traditionnels de distribution. En fait, afin de mieux contrôler leurs prix de vente, ceux-ci assument à la fois les fonctions d'achat et de vente sans avoir recours aux grossistes, qui étaient traditionnellement des acteurs incontournables de la distribution chinoise. En effet, en raison de la forte atomisation des points de vente chinois, seuls les grossistes permettaient aux entreprises de commercialiser de forts volumes de marchandises dans le pays. Ainsi, en raison de leur emplacement stratégique dans le processus de distribution et bien que leur influence doive diminuer à l'avenir, les grossistes sont encore contrôlés de près par les autorités chinoises. Il existerait environ 4 400 marchés de vente en gros aujourd'hui en Chine. À savoir également que dans le pays, le recours à la franchise, formule peu contraignante, est très répandue.

CONCLUSION

A l'heure actuelle, l'Inde et la Chine sont animées par la même volonté d'ouvrir leurs économies aux investissements étrangers, ce qui sera sans doute une des clés de leur développement économique futur, et qui devrait leur permettre de résoudre, à terme, les nombreux problèmes liés au surpeuplement de leurs territoires.

De nombreuses opportunités d'investissements directs s'offrent donc aux entrepreneurs français désireux d'exploiter la faiblesse des coûts de main-d'œuvre et de matières premières locales, les avantages fiscaux des zones franches, sans parler du potentiel de croissance et de consommation gigantesque de ces deux pays.

Pourtant, si l'attrait commercial de l'Inde et de la Chine est réel, avec des perspectives alléchantes de profits et où les politiques gouvernementales vont dans le sens d'un plus grand dynamisme économique, les risques liés à l'implantation dans l'un ou l'autre pays ne doivent pas être sous-estimés.

Ainsi, l'ingérence de l'État et des administrations locales dans le déroulement d'une négociation et à toutes les étapes du processus d'investissement est encore souvent source de blocage voire d'échec, alors que le facteur culturel, s'il est mal géré, peut lui aussi provoquer des situations d'impasse en raison du fossé culturel entre les mentalités occidentales et asiatiques. Enfin, l'investisseur étranger doit prendre en compte les risques réels liés à la contrefaçon et aux transferts de technologies.

Nous avons ainsi tenté dans cet ouvrage de donner des conseils de base et des informations de premier niveau afin de préparer au mieux une implantation en Inde et en Chine. La comparaison de ces deux pays aux problématiques proches malgré certaines spécificités locales considérables permettra également à l'investisseur de mieux saisir les enjeux particuliers qui viendront rythmer son action en Asie.

Cette « confrontation » devrait finalement permettre à chacun d'appréhender de manière plus globale les atouts et les modes opératoires propres à ces deux puissances asiatiques qui seront sans doute amenées à dicter leurs exigences économiques au reste du monde dans un avenir prochain.

BIBLIOGRAPHIE

Ouvrages

- William DALRYMPLE, *City of djinns*, Londres, Editions Flamingo, 1989.
- Gilbert ÉTIENNE , *Inde – Chine : Le match du siècle*, Paris, Presses de Sciences Po, 1998.
- Anne FAURE BOUTEILLER, *La Chine : Clefs pour s'implanter sur le dernier grand marché*, Paris, JV & DS, 1998.
- Emile GATHIER, *La Pensée hindoue*, Collection Points, Editions du Seuil, 1960.
- Patrick GOUGEON, Jyoty GUPTA, *Managing joint ventures – A Euro – Asian Perspective.*
- Marcel GRANET, *La Pensée chinoise*, Albin Michel, Paris, 1950.
- Manoj JOSHI, *Votre guide de poche pour le marché indien: Culture et savoir-vivre pour mieux négocier*, Business Class INDE, Les Editions d'Organisation, 1998.
- BAKER & Mc KENZIE Consultant Editors, *Doing business with China*, Kogan Page & MOFTEC, London 1998.
- François KIRCHER, *Les Trente-six stratagèmes : traité secret de stratégie chinoise*, J.-C.Lattès, Paris 1991.

Presse

- Les Echos, *L'art de l'entreprise globale,* Marc DUPUIS, Jean-Noël KAPFERER, octobre 1998.
- Les Echos, *L'art du marketing*, Jean-Marc DE LEERSNYDER, Philip M.PARKER, Arvind SAHAY, Juin/Juillet 1999.
- L'Expansion Management Review, *Ce qu'il faut savoir pour investir en Inde*, septembre 1999.
- Le Monde, *En Inde, les « intouchables » ont survécu à un dispositif légal quasi complet*, Françoise CHIPAUX, 31 août 2001.
- « Exporter en Chine », Collection Marchés, Edition du CFCE, 2002.
- « S'implanter en Inde », Collection Marchés, Edition du CFCE, 2003.
- Challenges, les News de l'Economie, *Les recettes du succès chinois*, mai 2003.
- L'Expansion Management Review, *Chine : Voyage dans une économie qui change le monde*, novembre 2003.

Les sites Internet

www.china-embassy.fr
www.dree.org/inde
www.dree.org/chine
www.securities.com
www.texmin.com
www.coface.fr

TABLE DES MATIÈRES

Achevé d'imprimer par Corlet Numérique - 14110 Condé-sur-Noireau
N° d'Imprimeur : 16737 - Dépôt légal : mars 2004 - *Imprimé en France*